# Procura-se alma gêmea gay!

## por

## Charles Seems

I0459377

## Traduzido do inglês pelo Google Tradutor

Catalogação na publicação pela Biblioteca e Arquivos do Canadá
Parece, Charles, autor
Procura-se alma gêmea gay! / Charles Seems. I. Título.
PS8637.E4453G39 2016 C813'.6 C2016-906617-7
C2016-906618-5
Petra Books petrabooks.ca

Este livro é dedicado a dois amigos, Ed Gargel (Nápoles, Flórida) e Patrick Larabie (Gatineau, Quebec), que faleceram com poucas semanas de diferença. Deixaram um vazio imenso. Cada um, à sua maneira, contribuiu grandemente para a sociedade e serão lembrados por sua generosidade, bondade e senso de humor .

Gostaria de agradecer a Marie Allard pelos comentários e orientações úteis .

E, por fim, quero agradecer ao meu marido, Robert, por acreditar em mim e por me incentivar quando a escrita se tornou tediosa. Sem o seu apoio constante, este livro não teria sido concluído .

Também por Charle's Se e ms The Road to Dalhousie: Memorie s from the North Shore (Petra Books 2013) Gay et passionné (Petra Books) Ready, Set, Hire d: Um guia prático para iniciar uma carreira com o governo canadense / Pré paration, Action, Embauche: Un guide pratique pour amorce rune carriè re au se in du gouve Artrite sem Drogas: Segredos para uma Vida de Sucesso

A pintura rupestre " O Espaço e a Distância Entre Nós " de Claude Chapdelaine, acrílico sobre tela, 76 x 122 cm.

Traduzido do inglês pelo Google Tradutor

# Índice

Seems

# Uma discussão difícil

'Você não pode estar falando sério! Não acredito! Você realmente saiu com um homem de 39 anos? Desde quando você anda por aí em Shady Pines?', perguntou a loira alta sentada na mesa ao lado no pub Centre Town, na Somerset Street. 'Será que gente dessa idade ainda consegue ter uma ereção?' O pub estava lotado naquela noite, com estudantes de volta à cidade para o início de mais um ano letivo. Um clima festivo reinava. Risadas vinham de todos os cantos do local. O belo loiro não se importava com quem pudesse ouvi-los. Eles conversavam livremente e sem reservas .

— Você é uma verdadeira rainha do drama! — gritou o mais recatado dos dois jovens sentados numa mesa tão perto da minha que parecia que estávamos todos juntos. — Você deve achar que todo mundo com mais de 30 anos é velho .

— Não são? — interrompeu a loiraça. — Que maldade! — respondeu o colega de mesa .

— Sério? Você realmente gostou de ficar com aquele velho? Aposto que ele te pagou bem — veio a resposta rápida .

— Posso até ser uma vadia, mas não sou nenhum garotão! — retrucou o moreno, que a essa altura já estava se abaixando na cadeira para não chamar muita atenção caso alguém que o conhecesse ouvisse aquela troca de farpas .

— Ainda bem, porque você ia morrer de fome .

Tendo completado 39 anos alguns dias antes, a dor da conversa foi suficiente para me fazer levantar e ir embora, mas, em vez disso, permaneci sentado na minha cadeira, ponderando o significado daquelas palavras que não eram para mim, mas que certamente me atingiram em cheio. De todas as coisas que enfrentei quando saí do armário, o medo de envelhecer, duas vezes mais rápido que a sociedade heterossexual, era a única e mais assustadora possibilidade sobre a qual eu não queria ouvir falar. Quando você é um jovem gay, pode namorar alguém da sua idade ou mais velho, mas quando você fica mais velho, a maioria dos caras da sua idade só quer alguém mais jovem. Aos 39 anos, eu definitivamente tinha 78 anos em anos gays; eu não era mais o bonitinho. Como um velho gagá como eu encontra o amor da sua vida? A depressão começava a me atingir .

Eu estava solteiro há anos. Tendo abandonado a ideia de me apaixonar por um homem, resignara-me a viver o resto da vida como um solteirona, um velho tarado, como eu costumava chamar qualquer pessoa com mais de 40 anos. Com o tempo, tornei-me aquilo que mais detesto: um homem mais velho que não consegue encontrar ninguém da sua idade que seja minimamente decente e disponível, e que tem de considerar homens mais jovens, correndo o risco de ser rotulado como um "velho tarado" .

Numa fria noite de quarta-feira, em dezembro de 1991, eu estava sentado na sala de estar ouvindo as notícias da noite, como fazia todos os dias depois de uma festa animada .

Me senti confortável em casa numa noite tempestuosa em Ottawa. Minha mente estava a mil por hora, pulando de um pensamento para outro. Tanta coisa acontecendo na minha vida, mas nada realmente importante impactava meu dia a dia .

Mais um inverno estava chegando. Uma estação que eu odiava quando criança — e ainda odeio! Sempre me surpreendeu que algumas pessoas gostassem do frio e da neve; de alguma forma, elas conseguiam tirar o melhor proveito disso. Eu não! Pelo que me lembro, eu sentia muito pouco prazer em brincar na neve. Embora eu tenha esquiado quando era muito jovem, não consigo me lembrar por que parei . Eu gostava de patinar ao ar livre, mas apenas se o vento estivesse fraco para que minha pele aguentasse o frio. Alguém me disse uma vez que a palavra "neve" era um acrônimo para " *merda que ninguém quer* "! Quanto mais eu vivia, mais acreditava nisso .

Um estrondo alto vindo da rua abaixo me trouxe de volta à realidade: o barulho do horário de pico, provavelmente de um acidente de carro próximo. Eram quase 18h30 quando percebi que precisava me apressar. Eu havia concordado em facilitar um grupo de discussão para homens gays no Centro Comunitário de Sandy Hill. Teria que abrir mão da paz e tranquilidade do meu apartamento e entrar no meu carro para dirigir um quilômetro e meio. Em linha reta, era uma distância muito menor, mas o Centro ficava no lado leste do Canal Rideau, o que significava que eu teria que dirigir até a ponte mais próxima para chegar a Sandy Hill. Com a forte nevasca, o trânsito estaria mais lento que o normal, então saí mais cedo do que de costume .

Meu fiel Honda Civic me levaria e me traria de volta sem problemas. Eu sabia que ficaria com esse carro por muito tempo .

A manutenção era mínima; o carro era robusto. Era de longe o automóvel mais confiável que eu já tive. Como esperado, cheguei ao endereço em Sandy Hill com bastante antecedência e estacionei nos fundos do prédio, que tinha acesso direto ao andar inferior, onde o grupo de discussão masculino estava sendo realizado .

Lá dentro, encontrei-me com os organizadores do grupo para acertar os detalhes da noite. Acostumado a liderar discussões em grupo, eu não deveria ter ficado nervoso com a perspectiva de presidir, já que a maioria dos participantes eram pessoas que eu conhecia bem, talvez até demais. Eu temia perder o controle do grupo se a discussão se acalorasse. Como sempre, me preocupei com coisas com as quais não deveria me preocupar. Sendo o perfeccionista que sempre fui, eu queria um resultado perfeito. Para mim, o caminho mais fácil era o melhor .

Alguns rapazes chegaram cedo e estavam me ajudando a organizar a sala, arrumando as cadeiras em um grande círculo capaz de acomodar aproximadamente 35 a 40 pessoas. Nenhum deles era o meu tipo. Muito grande. Muito pequeno. Sem personalidade suficiente! Sempre faltava alguma coisa, algo que não estava certo. Será que eu estava sendo exigente? Difícil de agradar? Muito seletiva para o meu próprio bem? A média não me satisfazia. Embora eu não tivesse entrado no grupo para encontrar o Sr. Perfeito, toda quarta-feira à noite era mais uma oportunidade de conhecer novas pessoas. Rostos novos e novas amizades eram sempre bem-vindas; isso nos mantinha sempre alertas .

O Centro Comunitário de Sandy Hill era composto por muitas salas; a maioria delas era ocupada todas as semanas. Invariavelmente, as pessoas chegavam ao amplo espaço no piso inferior pensando que ali aconteceria uma reunião dos Alcoólicos Anônimos ou algum outro encontro de grupo. Eram educadamente dispensadas, embora alguns dos homens fossem tão bonitos que desejávamos que tivessem ficado. Em qualquer noite, meia dúzia de pessoas perdidas precisava ser redirecionada. Enquanto preparávamos a sala, várias pessoas chegaram à porta e perceberam que estavam no lugar errado. Saíram rapidamente antes que alguém visse o tapete na entrada de uma sala onde homens gays estavam prestes a se reunir. Às vezes, eu me perguntava se alguns deles estavam se testando para ver se tinham coragem de participar de um grupo de discussão gay. Será que eu poderia ter sido a anfitriã perfeita, no estilo Martha Stewart, e persuadido alguns deles a ficarem? Na maior parte do tempo, eu não me importava se eles se juntassem a nós ou não; eles não me interessavam de forma especial. De vez em quando, aparecia um homem excepcional. Esta noite, um desses espécimes olhou para mim e se virou. Meu sorriso ainda não havia sido aplicado, pensei comigo mesma. Bem, outros virão. Parecia haver uma oferta infinita de rapazes bonitos sem nada melhor para fazer numa quarta-feira à noite do que fazer meu coração palpitar .

Por mais difícil que fosse escolher um tema de interesse para um grupo tão diverso de homens gays, selecionei o casamento entre pessoas do mesmo sexo como meu tópico principal. Queria ouvir diferentes opiniões sobre o assunto de assumir um compromisso com outra pessoa, seja por meio do casamento ou de alguma outra forma de união civil. Eu esperava que alguns participantes considerassem a ideia completamente estúpida ou absurda. Muitas vezes ouvi o comentário de que os gays não deveriam seguir os passos de casais heterossexuais por medo de se encontrarem em situações semelhantes quando o relacionamento terminasse. Muitos sentiam que os entraves legais não compensavam os benefícios do casamento, independentemente da forma que ele assumisse .

"A maioria das pessoas vê os homens gays como pervertidos e indivíduos instáveis, incapazes de permanecerem fiéis a outra pessoa", veio o comentário inesperado da plateia .

"No entanto, temos inúmeros exemplos de relacionamentos de longo prazo que deram certo. Não poderíamos nos concentrar neles para defender nosso ponto de vista? Assim como nos casais heterossexuais, a definição de monogamia é algo que se constrói por meio do diálogo", poderia dizer uma terceira pessoa .

"E quanto às questões legais, às questões de adoção de crianças?", certamente seriam questionados por aqueles que haviam refletido sobre esse conceito emergente .

Embora não fosse o que eu queria, nem o que eu esperava, nem o que eu almejava, eu acreditava que permaneceria sem um parceiro para o resto da vida. Estaria eu sendo presunçoso ao escolher o casamento gay como tema? Talvez corajoso. No entanto, eu tinha opiniões fortes e esperava ouvir como os outros se sentiam sobre esse assunto delicado. Não demorou muito após as apresentações (das pessoas e do tema) para que os rapazes mais falantes começassem a se manifestar .

"Não consigo entender por que queremos ser como os heterossexuais!", disse o primeiro participante .

"Por que iríamos querer os símbolos legais dos casais heterossexuais?" "O fato de sermos gays e diferentes, o que nos permite mais liberdade em relação aos relacionamentos, não seria uma razão suficiente para rejeitar a noção de conformidade exigida para que pudéssemos nos casar?", acrescentou a próxima pessoa .

A discussão então tomou vida própria, com o grupo falando sobre a promiscuidade desenfreada no mundo gay. Sexo no mato em Remic Rapids era um tema quente na comunidade gay de Ottawa. Relacionamentos sólidos e respeitáveis seriam uma forma de encorajar os homens a se comprometerem com relacionamentos monogâmicos? A sociedade teria mais respeito por casais gays que se casaram e, portanto, supostamente renunciaram ou reduziram a promiscuidade? O casamento obrigaria os casais a superar os momentos difíceis para manter seus relacionamentos vivos? Sempre foi tão fácil encontrar alguém e depois se livrar dessa pessoa ao primeiro sinal de problema ou após a primeira grande discussão. O casamento teria algum impacto na forma como os homens gays encaram os relacionamentos? "Eu, por exemplo, nunca vou me casar. Acho a ideia absurda!", disse Mark .

"Se os heterossexuais estão se divorciando em taxas tão altas, por que diabos iríamos querer nos casar? A liberdade de ser solteiro e gay não é o que mais prezamos?", acrescentou Gerry, numa tentativa de apoiar a afirmação de Mark .

Não havia consenso na sala e nenhum estava sendo buscado. Foi, no entanto, muito indicativo do grau de divergência sobre este assunto .

É um assunto delicado. Eu me perguntava se alguém na sala perguntaria por que eu não estava em um relacionamento. A resposta seria simples: eu não havia encontrado a pessoa certa e não tinha nenhum desejo de construir um relacionamento com alguém que não fosse o ideal. Ah, sim, eu tive minha cota de namoros curtos, que variaram de algumas semanas a alguns anos, mas nenhum que me fizesse querer me comprometer totalmente. Conheci e namorei alguns caras maravilhosos: alguns bonitos, outros nem tanto. Alguns eram promissores e, em alguns casos, eu realmente me apaixonei profundamente e fiquei muito magoada quando tudo acabou. Eu já havia sofrido tantas vezes que só de pensar na possibilidade de acontecer novamente, eu fugia na direção oposta quando conheci alguém que era um forte candidato .

Antes do fim da noite, houve uma conversa sobre fazer uma festa de Natal, mas nenhuma decisão foi tomada. No intervalo, alguns dos rapazes mencionaram que seria legal se reunir informalmente, mas nenhuma sugestão concreta foi apresentada. Como de costume, no final da noite, aqueles que ainda queriam socializar mais se reuniram no Rosa's, um restaurante mexicano na mesma rua. Eu geralmente me juntava ao grupo, pois conseguia conhecer melhor as pessoas no ambiente menor e mais íntimo daquele restaurante.

# Anjos à minha frente

Em meados da semana seguinte, o frio diminuiu e o aumento da temperatura fez com que a neve recém-caída evaporasse ; as estradas voltaram a ser asfaltadas e as calçadas estavam secas. Isso não era incomum, pois todos os anos em Ottawa não há garantia de que teremos um Natal branco. Apesar da minha falta de entusiasmo pelo inverno, um pouco de neve no dia 25 de dezembro ou antes foi mais do que bem-vindo .

1991 estava chegando ao fim. Tinham sido 12 meses memoráveis. Em dezembro, o povo ucraniano votou pela independência. No último dia do mês, vimos a dissolução da URSS. O colapso da União Soviética já se anunciava há algum tempo; isso não foi surpresa para ninguém. Foi, no entanto, um marco significativo na história mundial. Eu jamais imaginei que chegaria o dia, em minha vida, em que uma das duas maiores superpotências enfrentaria mudanças tão drásticas. A dolorosa história dos regimes czarista, comunista e capitalista da Rússia havia levado a União a um ponto sem retorno .

Meu interesse por assuntos mundiais certamente se devia à curiosidade do meu pai pelos eventos políticos que aconteciam em nosso país ou em outros lugares. Americano de nascimento, ele raramente perdia o noticiário da noite. Embora não estivesse acontecendo muita coisa na minha vida naquela época, sempre havia muita coisa acontecendo ao redor do mundo .

Minha maior preocupação na época era a saúde do meu irmão. Em agosto, minha irmã Claire me informou que Geoff havia sido diagnosticado com micose fungoide, uma doença relativamente rara na qual os linfócitos (um tipo de glóbulo branco) se tornam malignos (cancerígenos) e afetam a pele. Seu prognóstico não era otimista e os médicos estavam perplexos com os inúmeros efeitos colaterais da medicação que ele estava tomando. A condição do meu irmão ocupava meus pensamentos dia e noite. Pouca coisa mais importava para mim .

Notavelmente, eu conseguia desempenhar bem minhas funções no trabalho. Precisava me manter envolvido em atividades sociais para manter o ânimo. Na época, eu participava ativamente da Lambda Ottawa, uma rede de profissionais gays que se reuniam mensalmente. Nossas reuniões regulares aconteciam em restaurantes diferentes. Em cada evento, um palestrante convidado falava sobre acontecimentos na cidade que afetavam a comunidade gay. Era um evento social imperdível; conheci muitos caras legais. Fui incentivado a participar da Diretoria Executiva da Lambda. Temendo que minha falta de experiência não fosse apreciada, mesmo assim, relutantemente, concordei em me candidatar e permaneci por vários anos .

O grupo de discussão de homens gays francófonos era outra opção social da qual eu gostava. A última reunião do ano estava planejada para 11 de dezembro . Como eu não estava facilitando naquela noite, pude aproveitar a noite sem a pressão adicional de estar no centro das atenções .

O encontro do grupo de discussão atraiu uma multidão enorme para esta atividade de meados de dezembro. Quase 40 pessoas compareceram; algumas chegaram depois que a discussão já havia começado. O tema da noite era "Qual o impacto de ser gay na celebração do Natal?". Ao contrário de outras ocasiões em que apenas algumas pessoas tinham opiniões fortes, a maioria queria expressar seus pensamentos sobre como lidavam com o Natal. Foi uma discussão animada, com poucas posições contrárias. A maioria sentia que era uma época difícil do ano para eles, particularmente para aqueles que eram solteiros e para aqueles que haviam sido rejeitados por suas famílias por serem quem eram .

Minha mente se desligou da conversa, pois eu não estava muito interessado no assunto. Olhei ao redor da sala para ver quem estava lá. Dois rapazes sentados do outro lado do círculo estavam sorrindo um para o outro. Mark Lafontaine costumava frequentar as reuniões do grupo de discussão, mas sempre sozinho. Eu sabia que ele morava sozinho e que não estava envolvido com ninguém no momento. Seria possível que um romance estivesse começando? Eu conhecia Mark, pois ele vinha regularmente aos jantares da Lambda Ottawa .

Outros dois chegaram atrasados: Henry Moran e alguém que eu nunca tinha visto antes. Eles causaram um certo impacto, não por serem barulhentos, mas sim por suas roupas coloridas. O visitante usava uma jaqueta vermelha brilhante, difícil de passar despercebida. Ele estava impecavelmente vestido com calças escuras, camisa branca com riscas pretas e um suéter vermelho com decote em V .

Seu sorriso contagiante me chamou a atenção .

"Vamos fazer uma pausa de quinze minutos!", disse o moderador da noite .

Levantei-me de um pulo ao ver Henry e o estranho caminhando em minha direção .

"Rick, gostaria que você conhecesse um velho amigo meu", disse Henry com um largo sorriso .

"Prazer em conhecê-lo", respondi, olhando atentamente para aquele homem musculoso. "Não me lembro de tê-lo visto por aqui antes", acrescentei .

"Na verdade, você já me viu", respondeu ele imediatamente. 'Eu estive aqui semana passada, mas acho que você não me viu', ele se apressou em acrescentar .

'Desculpe, mas não me lembro. Estava um pouco estressada semana passada e boa parte daquela noite está meio nebulosa na minha memória', expliquei .

'Sirva-se de suco e biscoitos', eu disse ao recém-chegado enquanto me afastava em direção à mesa onde estavam os refrescos .

Ouvi uma conversa sobre fazer uma festa de Natal para o grupo. Novamente esta semana, ninguém apresentou ideias ou planos concretos. Achei que seria uma boa ideia convidar Convidei os rapazes para o meu apartamento na Rua O'Connor na sexta-feira à noite. Como muitos deles iriam para os bares e um dos lugares mais populares na época (CP) ficava bem perto de onde eu morava, imaginei que muitos chegariam e sairiam cedo para ir de bar em bar. Depois do intervalo, fiz o convite .

"Decidi convidar todos vocês para uma festa em casa, no número 250 da Rua O'Connor, sala 11, na sexta-feira, 13 de dezembro, às 20h", disse, para a surpresa de muitos na sala .

Percebi que meu anúncio tinha sido bem recebido e os organizadores do grupo pareceram aliviados por algum tipo de evento natalino acontecer. Para garantir que todos se sentissem bem-vindos, eu precisaria conversar com algumas pessoas na sala antes do fim da noite. Será que eu conseguiria convencer esse recém-chegado a se juntar a nós? Talvez ele viesse se o Henry viesse com ele .

Henry e seu amigo ficaram conversando durante todo o intervalo. Dei algumas olhadas rápidas, tentando não ser muito óbvio .

Talvez eu conseguisse convencer o Henry a se juntar aos frequentadores habituais que iriam a um restaurante depois da reunião. O homem misterioso parecia tímido e um tanto reservado. Ele vinha de uma família grande ou pequena? Ele parecia um pouco intimidado pela multidão. Talvez ele tivesse acabado de sair do armário e não se sentisse à vontade perto de tantos homens gays .

Ele se sentiria à vontade o suficiente para se juntar a nós em um lugar público? Poderia ser convencido a vir à festa de Natal? Por volta das 20h30, a reunião terminou; o facilitador mencionou que alguns rapazes do grupo iriam tomar café no Rosa's. Peguei minhas coisas e fui conversar com alguns recém-chegados para garantir que se sentissem incluídos no convite para sexta à noite. Fiquei olhando para trás para ver se o rapaz novo ainda estava na sala. Ele e Henry estavam conversando, obviamente sem pressa para ir embora. Caminhei até eles e perguntei se pretendiam ou não se juntar a nós para o café .

Para minha surpresa, a resposta foi sim. Henry nunca tinha ido ao Rosa's Cantina conosco; esta foi a primeira vez. Naquela noite, ele tinha um ar de superioridade; estava orgulhoso como um pavão. Será que descobriríamos que aquele belo homem era o novo sócio de Henry? Deixamos nossos veículos no estacionamento do Centro Comunitário e caminhamos pela Somerset Street East até a King Edward Avenue, onde ficava o restaurante. Sentamos em grupos de quatro. Na minha mesa estavam Henry, seu amigo e Gordon, que a princípio pareceram levemente interessados no sócio de Henry, mas cujo interesse cresceu exponencialmente conforme a noite avançava. Ele estava claramente encantado por aquela intrigante...

Eu também estava ansioso para conhecer esse novato; fiz várias perguntas pessoais que ele respondeu com facilidade. Quanto mais eu descobria sobre ele, mais eu pensava que ele era um indivíduo equilibrado, capaz de se expressar muito bem. Descobri que ele vinha de uma família pequena; não tinha irmãos e apenas uma irmã. Seu pai era empresário e administrava várias empresas, para as quais prestava suporte administrativo. Era óbvio que se tratava de uma família unida e que o relacionamento entre pai e filho era muito forte .

Tudo isso soou como música para os ouvidos de Gordon, pois ele estava em uma situação muito semelhante. Ele se conectou com ele em vários níveis e compartilharam histórias sobre o mundo dos negócios. O pai de Gordon estava no ramo há anos e queria que o filho assumisse os negócios quando se aposentasse. Gordon não tinha certeza se queria seguir os passos do pai, pelo menos não sem um sócio. Esse jovem, novo para todos nós, seria um sócio ideal e potencialmente um futuro marido. Era óbvio que Gordon estava se apaixonando por ele e que esperava sair da Cantina da Rosa com ele. Mas não foi o que aconteceu; todos saímos ao mesmo tempo e voltamos caminhando para o estacionamento. Henry e seu convidado foram embora, deixando Gordon um pouco perplexo. Antes que entrassem nos carros, eu os lembrei da festa.

Apenas 48 horas depois, eu estaria dando uma festa para um número indeterminado de homens gays. Estimando que cerca de 20 pessoas apareceriam, comecei imediatamente a me preparar. Teria eu sido precipitado ao decidir fazer essa festa no meu apartamento? Seria essa uma decisão tola da qual me arrependeria para sempre? Era tarde demais para voltar atrás e, além disso, a ideia de ver aquele homem lindo no meu apartamento dissipou qualquer medo que eu estivesse nutrindo na época. " *Não cobiçarás o novo parceiro do teu melhor amigo* ", pensei comigo mesmo. Ele era mais jovem, bonito, mais alto e, obviamente, muito desejado. Eu não estava procurando um relacionamento e não tinha pressa de me envolver, para não me machucar como no ano anterior. Será que eu me meteria em encrenca com o Henry? Talvez eles não fossem um casal! Eu tinha alguma chance? Se fosse para acontecer, aconteceria; se não, haveria outros peixes no mar. Mas, por enquanto, ele era um anjo e nada poderia tirar o sentimento maravilhoso que eu tinha quando pensava nele. Se não fosse ele, talvez o Don aparecesse e me conquistasse. Donald Goldberg, um funcionário público bem posicionado, era inteligente, cativante e um chef fantástico. Havia sempre um brilho no olho direito dele quando falava comigo. Ele tinha o que era preciso. Só um pouquinho .

Mais velho do que eu, suas experiências de vida tinham sido variadas; ele havia aprendido muito ao longo dos anos e seria um marido perfeito. Ele também estaria na festa, mais um homem bonito para animar o grupo monótono em que estávamos.

# Sexta-feira 13

Por sorte, a festa de Natal caiu numa sexta-feira 13.
Se eu fosse supersticioso, talvez não tivesse concordado com essa data.
Eu poderia facilmente ter convidado a turma para a noite seguinte, dia 14 de dezembro , mas a experiência me mostrou que sempre é mais fácil conseguir que as pessoas compareçam a uma festa numa sexta-feira à noite, especialmente com pouco tempo de antecedência. Os planos para os sábados normalmente são feitos com bastante antecedência, portanto, menos pessoas teriam podido aparecer se eu tivesse tentado evitar a data sinistra. Adiar por uma semana teria deixado a festa muito perto das festas de fim de ano, quando muitos deixam Ottawa para voltar para casa no Natal. No caminho de volta do trabalho, comecei a pensar no que precisava ser feito para estar pronto para a festa. A limpeza do apartamento seria a prioridade máxima. Meu apartamento no centro da cidade, bem no coração do que eventualmente se tornaria o "bairro gay", era sem dúvida meu orgulho e alegria. O prédio de três andares de tijolos vermelhos, construído na década de 1930, exalava um charme que os prédios mais novos jamais conseguiriam igualar. Foi uma sorte encontrar este lugar depois de já ter alugado um apartamento muito menos atraente a várias ruas de distância. Meu amigo Michael teve que me convencer de que a diferença no aluguel seria compensada pelo número de anos que eu ficaria naquele prédio, já que provavelmente não gostaria de me mudar para encontrar uma acomodação melhor. O Connor Court, como era chamado, havia sido reformado; A suíte 11 estava sendo usada como apartamento modelo. Belas janelas com vitrais em todos os cômodos, incluindo o banheiro, estavam voltadas para o sul, para a Rua McLaren, ou para o leste, para a Rua O'Connor. Com belos pisos de madeira restaurados e tetos altos, esta unidade de 111 metros quadrados tinha uma sala de estar e sala de jantar espaçosas, mas uma cozinha pequena e estreita. Ao entrar, um pequeno vestíbulo quadrado levava a um corredor retangular com arcos que conduziam à sala de jantar à direita e, em frente, à sala de estar. Uma lareira e uma moldura de gesso em estilo art déco eram o destaque da sala de estar e, todos os anos, no Natal, ela era decorada com velas vermelhas. Mobiliada com uma mistura de móveis modernos e antiguidades, eu queria que minha casa fosse elegante e sem ostentação. Tanto a forma quanto a função foram consideradas na compra de cada item. Optei por não colocar cortinas para não obstruir a vista das janelas com vitrais. Onde era necessária privacidade, comprei vitrais antigos de estilo igreja, que foram reaproveitados.

entre as janelas externas e as molduras. O esquema de cores bege, preto, cinza, azul-marinho e ferrugem usado em todo o apartamento combinava bem com a mistura eclética de móveis que eu havia acumulado ao longo dos anos .

Nascida sob o signo de Virgem, a perfeição é o objetivo em todas as coisas. Eu não me preocupava apenas com o meu entorno, mas também com o que eu vestiria para a festa. Se não fosse pela possibilidade de dois ou três homens interessantes comparecerem, eu não teria gasto tanto tempo tentando decidir qual roupa usar. Eu gostava do visual "sofisticado, mas descontraído" que havia surgido tanto no design de interiores quanto na indústria da moda. Conforto e elegância seriam meus princípios orientadores para o que eu vestiria. No fim, escolhi uma calça jeans azul, uma camisa de seda preta com uma gravata borboleta de seda vermelho-cereja .

Pouco antes das 20h, os primeiros convidados começaram a chegar. A multidão cresceu rapidamente. Don chegou sozinho, o que indicava que ele ainda estava disponível, ou assim eu pensava. Por volta das 20h45, Henry e seu amigo chegaram trazendo seus refrescos para a noite. O costume de cada um trazer sua própria bebida era comum naquela época, permitindo que cada pessoa decidisse o que e quanto queria consumir. Brinquei com Henry sobre o fato de ele não ter me dito o nome do amigo .

"Desculpe, o nome é Joshua", disse ele, claramente sabendo que havia cometido um erro ao não nos apresentar adequadamente antes. Apertei a mão de Joshua, repetindo seu nome enquanto o olhava nos olhos. He nry e Joshua então foram para a cozinha colocar cerveja na geladeira. Enquanto isso, eu fui conversando com todos, garantindo que cada pessoa se sentisse bem-vinda. Ao voltar para a cozinha para pegar mais petiscos, notei que Joshua não havia se mexido. Temendo que ele se sentisse excluído, fiz várias viagens à cozinha e falei com ele todas as vezes .

Como esperado, por volta das 22h30, o primeiro a sair quis ir dançar no CP. Gradualmente, a multidão diminuiu, restando apenas um punhado de pessoas que permaneceram até a meia-noite. Inesperadamente, He nry anunciou que estava indo embora. Presumi que Joshua iria sair com ele, porém, estava enganada. A festa tinha se mudado para a cozinha, onde pelo menos quatro pessoas, todas em pé, ombro a ombro, estavam se divertindo muito . Joshua parecia ser o centro das atenções. Seu sorriso enorme e dentes brancos eram impossíveis de ignorar. Ele gargalhava sempre que alguém contava uma piada ou uma história engraçada. Parada ao lado de Joshua, coloquei corajosamente um braço em seu ombro esquerdo. Sem perceber, devo ter dado o sinal para que as pessoas ao nosso redor fossem embora; todos desapareceram logo em seguida .

"Eu te ajudo a limpar", disse Joshua quando a última pessoa saiu da festa .

"Agradeceria muito", respondi, vendo a quantidade de trabalho necessária .

"Só me diga onde você guarda seus produtos de limpeza e eu começo", acrescentou ele .

Em menos de uma hora, tínhamos terminado. Esperando que Joshua quisesse ir embora, já que estava muito tarde, me perguntei se conseguiria convencê-lo a ficar mais um pouco. Eu estava morrendo de vontade de descobrir se ele tinha algum interesse romântico por Henry .

"Ah, somos apenas bons amigos", respondeu ele. "Há anos compartilhamos informações sobre nossas respectivas coleções de música." Aliviada por ele não ser o novo recruta de Henry, pedi-lhe que se sentasse comigo para tomarmos um drinque. Enquanto observávamos a neve cair suavemente ao som de uma música relaxante tocando na CIMF, o clima foi reforçado por toda a decoração natalina. Uma fileira de velas vermelhas brilhantes acesas na lareira ajudou a criar a atmosfera romântica perfeita para nos conhecermos melhor. Aconchegados no canto do sofá em forma de L, Joshua e eu nos revezamos fazendo perguntas um ao outro sobre família, objetivos, carreira, expectativas, etc. Juridicamente, isso seria chamado de "descoberta" e certamente foi o nosso caso, pois revelamos um ao outro informações que normalmente seriam compartilhadas muito mais tarde em um relacionamento .

'Seus pais sabem que você é gay?', perguntei .

'Ah, sim', foi a resposta dele. 'Minha mãe não tem problemas em lidar com isso, mas acho que meu pai preferiria que eu não falasse sobre o assunto. Parece que ele fica desconfortável sempre que o tema da homossexualidade é mencionado. Acho que é uma questão de bom senso e não posso esperar que ele entenda. Contanto que ele me tolere, tudo bem se ele não ficar feliz por ter um filho gay.' Tantas coisas passaram pela minha cabeça enquanto eu tentava fazer a próxima pergunta. Ele se importava que o pai não aceitasse ou não conseguisse aceitar o fato de ele ser gay? A situação criava tensões em casa? Minha presença pioraria as coisas para ele em casa? 'Você veio aqui esta noite com a intenção de saber mais sobre mim?', tentei perguntar .

'Ah, eu já sei muito sobre você. Fiz minha pesquisa', disse ele, olhando-me diretamente nos olhos para ver minha reação. Sem um espelho, eu não conseguia ver minhas expressões, mas tenho quase certeza de que suas palavras me afetaram e que meu rosto certamente lhe disse muito sobre o que eu estava sentindo .

'Isso é injusto, eu sei tão pouco sobre você', eu disse .

'Não tenho nada a esconder', disse ele, 'basta perguntar e eu responderei a todas as suas perguntas' .

'OK, você topou', eu disse animada. 'O que você mais valoriza em um relacionamento?' A resposta a essa pergunta revelou que ele valorizava, acima de tudo, honestidade, lealdade e bondade. Amizades não eram para serem levadas levianamente; ele era extremamente próximo de seus avôs, em quem confiava regularmente. Com o recente falecimento de seu avô paterno, com quem tinha um laço muito especial, ele sentiu que precisava estabelecer novos relacionamentos, embora muito diferentes daqueles que havia experimentado com seus avós .

Ficou bastante óbvio para mim que Joshua estava procurando uma alma gêmea. Suas perguntas pareciam sondar o terreno, como se quisesse confirmar o que ele estava pensando ou talvez o que tinha ouvido falar sobre mim. Muitas pessoas na comunidade me conheciam bem, então obter informações sobre meus interesses, meus valores e meus objetivos não seria difícil .

Sentada ao lado dele no sofá, enquanto o observava contar sua história de vida, comecei a observá-lo atentamente. Com 1,83 m, ele era alguns centímetros mais alto do que eu. Não havia gordura em seu corpo esguio, embora não fosse musculoso. Seus cabelos castanhos espessos e olhos castanhos com cílios incrivelmente longos lhe conferiam um ar de sofisticação. Marcas de acne severa, cicatrizadas há muito tempo, não diminuíam sua boa aparência. Um nariz proeminente era a marca de um homem sólido, pensei comigo mesma. Não havia trejeitos femininos nem afetações de qualquer tipo. Ele era genuíno, um típico rapaz comum. Quanto mais eu o observava, mais gostava do que via .

Joshua admitiu que se sentia atraído por mim há algum tempo. Aliás, ele chegou a mencionar para alguém que era meu namorado, mas foi informado categoricamente de que isso não podia ser verdade, pois todos sabiam que Richard Steves namorava um homem bonito de Montreal. Mal sabia ele sobre a família Steves de Dalhousie, New Brunswick, uma família de classe média na qual nascemos seis filhos, todos com olhos azuis como o pai. Como filha do meio, eu me sentia diferente .

Havia amor de sobra, mas de alguma forma eu me via como um excluído, uma peça quadrada num buraco redondo. Eu não tinha interesse em esportes, não tinha força física nem qualquer desejo de adquiri-la e não era competitivo, no mínimo. A palavra "maricas" me vem à mente e, de fato, ela foi usada para se referir a mim muitas vezes nos meus primeiros anos em Dalhousie. Crescer em uma cidade caipira e não me encaixar na multidão faz com que a gente queira ir embora o mais rápido possível, e foi o que eu fiz aos 14 anos. Ir para uma escola particular a 80 quilômetros de distância foi como fugir da realidade, mas certamente a melhor decisão que tomei como adolescente, no auge da minha jornada para me tornar um jovem gay com desejos e impulsos demais. Joshua não sabia nada sobre o meu passado; levaria algum tempo até que eu revelasse uma história que o surpreenderia mais do que eu esperava .

'Você provavelmente não se lembra', disse Josh, 'mas no dia 30 de outubro , meu amigo Mark me apresentou a você no saguão do prédio dos Arquivos na Rua Wellington, pouco antes das leituras públicas de 'Wilde sobre Safo'.'
'Sério?', eu disse. 'Desculpe, mas não me lembro muito daquela noite. Estava preocupada com a saúde do meu irmão.' 'Nós nos sentamos algumas fileiras à sua frente, enquanto você estava sentada sozinha atrás de nós', ele continuou. 'Eu

realmente queria me sentar com você, mas senti que você queria ficar sozinha.' 'Agora que penso nisso', eu disse, 'achei que você fosse o parceiro do Mark e não lhe dei muita atenção por medo de demonstrar interesse.' Só agora me dei conta de que você é amigo de duas pessoas que eu conheço: Mark e Henry. Isso explica por que eu vi você conversando com o Mark na noite em que você veio ao grupo de discussão gay. Que mundo pequeno!' 'Essa não foi a única vez que te vi', acrescentou ele. 'Você estava no teatro Nepean Centropointe para uma apresentação de final de verão do Coral Masculino de Ottawa, não estava?', perguntou ele .

'Sim, eu estava', respondi. 'O Gerald estava em Montreal e nós decidimos ir ao show da Semana do Orgulho do OMC.' 'Eu não estava te perseguindo', acrescentou ele rapidamente, 'eu descobri onde provavelmente ia te ver.' 'Você deve saber que eu costumo ir às reuniões do grupo de discussão gay às quartas-feiras', perguntei .

'Henry me disse que, se eu quisesse te conhecer, esse provavelmente seria o melhor lugar', ele sugeriu .

'Então é por isso que você veio no dia 11 de dezembro ? ', eu disse, piscando para ele .

'Na verdade, eu fui à reunião do grupo de discussão pela primeira vez no dia 4 de dezembro, mas acho que você não me notou', disse Joshua. 'Cheguei cedo para poder falar com você em particular no saguão. Eu queria evitar ter que entrar na sala de reuniões. Como a maioria dos caras entra no prédio pela porta dos fundos, a mais próxima do estacionamento, eu sabia que conseguiria te ver quando você entrasse.' No entanto, como se viu, você já havia chegado e sua atenção estava voltada para os homens que queriam seu conselho sobre uma coisa ou outra. Acho que você não percebeu minha presença. Me sentindo muito decepcionada, decidi que não fazia sentido ficar para a reunião. Voltei para casa dirigindo em meio a uma forte nevasca. "Eu tinha viajado muito para te ver, mas não deu certo", acrescentou ele .

Meu coração afundou quando percebi que essa pessoa estava realmente falando sério sobre mim e que eu nem tinha me dado conta de que ele estava se esforçando tanto para me conhecer. Os problemas de saúde de Geoff definitivamente afetaram minha vida e, se não fosse pela determinação de Josh, provavelmente nunca teríamos nos conhecido.

# Uma longa noite

Ali, sentei-me com Joshua, respondendo a todas as suas perguntas sobre o meu passado: não se tratava da Inquisição Espanhola, como poderia ter acontecido, mas sim de um diálogo amigável com alguém genuinamente interessado em mim. Estaria eu sonhando ou aquilo estava realmente acontecendo? Estava ficando tarde, muito mais tarde do que a minha hora normal de dormir, mas eu não tinha vontade de interromper a conversa e ir dormir. Esse tipo de oportunidade surgia raramente e eu não ia desperdiçar o que parecia ser o começo de algo grandioso, ou pelo menos era o que eu pensava.

"Quantos anos você tem?", perguntei.

"Completei 29 em junho", respondeu Joshua.

"Isso me torna 10 anos mais velha que você", respondi timidamente.

'Isso será um problema para você? Isso poderia ser um problema para sua família?' 'Não vejo por quê!', disse Josh.

'Vou fazer 40 anos em setembro e quero ir para a Europa comemorar. Nunca estive lá, então esta é a desculpa perfeita para a viagem. Venho planejando isso há um bom tempo; nada me impedirá de ir. Se você quiser vir comigo, seria ótimo', eu disse.

'Como você planeja viajar pela Europa?', perguntou Joshua. 'Quais países você vai visitar? Eu poderia estar interessado em ir com você; afinal, estarei comemorando meu aniversário de 30 anos no dia 3 de junho.' A essa altura, eu estava com a nítida impressão de que ele estava realmente muito interessado em iniciar um relacionamento. No entanto, essa viagem seria nove meses depois; muita coisa poderia mudar nesse período. Era cedo demais para saber quais seriam os impedimentos, mas, com o tempo, eu certamente descobriria as forças que poderiam nos separar.

Ainda intrigada com o fato de um rapaz tão jovem, charmoso e atraente estar interessado em mim, comecei a sondar Joshua para descobrir seus valores fundamentais. Seu interesse por mim era apenas uma paixão passageira ou ele estava interessado em um relacionamento permanente, duradouro e comprometido? Ele percebeu que eu me aposentaria 10 anos antes dele? Ele pensou que poderia ter que cuidar de um homem idoso? "Nossa diferença de idade de dez anos não dificultaria as coisas para você, já que ficaria óbvio para amigos e familiares?", perguntei.

— Acho que isso vai te incomodar mais do que a mim — retrucou ele. — Que diferença isso pode fazer? Além disso, quanto mais velhos ficarmos, menos óbvia será essa diferença.

— Você está pensando a longo prazo — afirmei, então fiz uma pausa e esperei por uma reação, que não demorou a chegar.

Muito antes de nos conhecermos, eu já havia decidido que você era a pessoa certa para mim. Por algum motivo, senti uma forte conexão com você e ainda sinto. Não me entenda mal, nem sempre será fácil, mas estou disposto a dar o meu melhor. A diferença de idade não é um problema, nem nunca será. Não é porque você é mais velho que vai morrer primeiro. Ou ficar doente primeiro. Qualquer um de nós poderia estar empurrando a cadeira de rodas. Sugiro que você supere suas preocupações e deixe a vida seguir seu curso natural.

Para um jovem de 29 anos que ainda não tinha saído de casa, que ainda não tinha deixado a segurança de pais carinhosos, ele demonstrava um nível de maturidade que eu jamais poderia ter imaginado para alguém da sua idade. Um verdadeiro geminiano, num minuto ele podia ser muito sério e ponderado e no minuto seguinte, Joshua podia estar gargalhando da menor coisa que lhe parecesse engraçada.

Certamente, Joshua poderia dar um novo ânimo à minha vida. Estar perto dele me daria um senso de propósito. Seu senso de humor seria fundamental para tornar nosso ninho feliz, já que eu achava seu jeito excêntrico bastante engraçado. Eu precisaria ter certeza de que ele era a pessoa certa. Em vez de me precipitar como fiz tantas vezes no passado, a cautela seria fundamental. Não era do meu feitio me conter. Isso seria difícil! 'Então, Josh, o que você mais valoriza em outra pessoa?', perguntei .

'Honestidade', ele respondeu sem pensar. 'Confiança e bom senso viriam logo em seguida.' Estávamos revisitando assuntos que já tínhamos abordado antes, mas desta vez, a conversa estava se tornando muito mais pessoal. Em vez de falar sobre valores em relacionamentos, estávamos discutindo valores pessoais, crenças e expectativas, sem realmente mencioná-los nominalmente .

'Qual a importância da religião para você?', perguntei .

Ele fez uma pausa de alguns minutos antes de eu responder .

'Se você está perguntando se eu frequento a igreja, a resposta é não', disse Joshua, sem hesitar. 'Há muito tempo, visitei Roma e, quando voltei para o Canadá, disse aos meus pais que não podia mais aceitar os ensinamentos de uma igreja que está sempre pedindo dinheiro quando, na verdade, possui as obras de arte mais ricas e caras do mundo.' 'Compartilho da sua opinião sobre a Igreja Católica', eu disse, 'mas por razões diferentes. No que me diz respeito, as religiões criadas pelo homem são inevitavelmente tão fracas quanto os próprios homens que as criaram. A posição da Igreja Católica sobre a homossexualidade é arcaica e contrária ao conceito de um Deus amoroso à cuja imagem fomos feitos. Acredito em um ser supremo, independentemente do termo usado para descrevê-lo.' Fé, esperança e caridade estão na raiz do meu ser e o espiritualismo é o meu guia .

Um abraço caloroso de Joshua me convenceu de que compartilhávamos o mesmo sentimento básico sobre a vida, o amor e a fé. Ele me perguntou quais eu considerava os ingredientes necessários para um relacionamento funcionar. Minha resposta foi uma longa discussão sobre o que eu considerava a base de um relacionamento forte .

"Josh, da minha perspectiva e experiência, existem quatro elementos importantes que podem construir ou destruir um relacionamento", li em voz alta de um livro recente: "Para que duas pessoas se deem bem e se amem por um longo período de tempo, deve haver uma conexão saudável nos aspectos físico, intelectual, emocional e espiritual da vida". Para deixar tudo perfeitamente claro para ele, acrescentei: "Posso me sentir fisicamente atraída por você, mas, se, no nível intelectual, não nos encontrarmos, não há muita esperança de que as coisas deem certo. Mesmo que sentíssemos que nos encontramos em três dos quatro elementos, a falta de complementaridade em um único elemento é suficiente para minar a base de uma união saudável." "Você se afastaria de alguém por quem sente algo forte porque sabe que a falta de semelhança acabaria por destruir o relacionamento?", ele perguntou .

"Embora a questão não seja a semelhança, mas sim a complementaridade, sim, eu encontraria uma maneira de me afastar sem me envolver demais por medo de me machucar mais tarde", respondi. Nem sempre escolhi esse caminho, às vezes preferindo apenas seguir o fluxo, sabendo muito bem que havia pouca esperança de um relacionamento duradouro .

Percebi que eram cerca de 4 da manhã e ainda tínhamos muito o que conversar. Deveria sugerir que fôssemos dormir e conversássemos mais amanhã? A essa altura, imaginei que ele passaria a noite. Ou o que restasse dela. Apostando que ele concordaria em dormir aqui, perguntei se ele queria ficar. Ele sorriu para mim como quem diz "Pensei que você nunca fosse perguntar". Eu não tinha fama de ser fácil e suspeitava que ele já tivesse ouvido dizer que eu não iria para a cama

Seems

com ele na primeira oportunidade. Mas não havia como negar que eu não ia deixar passar o melhor prospecto que havia conhecido em anos .

"Por que você escolheu vir para Ottawa?", perguntou Joshua, bocejando. "Se tivesse escolhido outro lugar, talvez não tivéssemos nos conhecido. De todas as cidades do Canadá, a capital não era o lugar mais empolgante para se estar nos anos setenta. Gostaria de saber o que te levou a decidir se mudar para Ottawa." "Essa é uma longa história, Josh", respondi. "Vai ter que esperar até amanhã."

# Escolhendo Ottawa

Vindo de uma família onde se falava francês e inglês diariamente, eu não conseguia imaginar viver em um lugar onde apenas uma língua, uma cultura, estivesse presente. Eu precisava e queria manter minhas habilidades linguísticas nos dois idiomas oficiais do Canadá.

Descartando a possibilidade de morar em cidades pequenas devido à mentalidade fechada de seus cidadãos, optei por cidades onde a autoexpressão seria incentivada. Ser gay no início dos anos 70 significava que, para viver livremente, era preciso escolher lugares onde ser homossexual não me causaria problemas.

Considere morar em Moncton, pois me sentia confortável nesta cidade de quase 75.000 habitantes. Embora predominantemente anglófonas, as comunidades de Dieppe, Schédiac, Cap Pelé, etc., garantiam um suprimento infinito de acadianos e, portanto, da cultura francesa que eu precisava para ser feliz. O único problema era que eu tinha poucos amigos lá, e os que eu tinha estavam se mudando para cidades maiores ao final dos estudos. Alguns estavam indo para Quebec, outros para Halifax, Montreal, Sherbrooke, Fredericton e até Hamilton.

Cada um desses lugares oferecia possibilidades interessantes, mas foram descartados por serem grandes demais, distantes demais, franceses demais, homofóbicos demais ou ingleses demais para o meu gosto. Como não tinha emprego garantido, precisei considerar as oportunidades de trabalho disponíveis em uma nova cidade. Formada em tradução, uma cidade governamental era uma escolha óbvia. Mas meu interesse em trabalhar como tradutora ou intérprete havia diminuído desde o início dos meus estudos em Moncton, em 1976. Eu já não tinha certeza de ter feito a melhor escolha de carreira. Minha aposta era que, se escolhesse o lugar certo para morar, provavelmente conseguiria trabalhar como freelancer e ganhar algum dinheiro fácil enquanto tentava descobrir qual tipo de carreira me agradaria mais. Reduzi as opções a Frederickston e Ottawa.

Durante meu penúltimo ano de estudos em Moncton, visitei amigos em Ottawa. Um deles, Gerry, era um ex-colega de universidade que agora trabalhava para a Canada Mortgage and Housing Corporation. Bem-sucedido e morando na Rua Laurier, no coração de Ottawa, eu invejava seu sucesso. Gerry não poupou despesas e dedicou tempo para me mostrar o melhor que Ottawa tinha a oferecer. Ele me convenceu de que escolher Ottawa seria uma escolha sábia, da qual eu jamais me arrependeria.

Durante o mesmo fim de semana, passei um tempo com meu amigo de infância, Norman, que, com seu parceiro Marc, morava em Old Chelsea. Embora eu preferisse o centro da cidade, apreciei a calma e a serenidade desta vila pitoresca a um passo da área metropolitana.

Norman e Marc estavam muito interessados em que eu dividisse o apartamento com eles, caso eu decidisse me mudar para a região de Ottawa. Norman tentou me atrair ainda mais dizendo que me ajudaria a encontrar um emprego temporário. Ele e Marc trabalhavam no Café Luigi e poderiam me recomendar. Com um pouco de sorte, eu seria contratada.

No meu último ano na Universidade de Moncton, dividi um apartamento com minha grande amiga Frenchy. Para o crédito dela, ela já havia garantido um emprego no governo canadense e todas as despesas de sua mudança para Ottawa seriam pagas pela Coroa. Fredericton havia perdido seu encanto, pois eu não tinha nenhum amigo próximo que já morasse lá. Além disso, eu já havia morado lá e achava a cidade um pouco pequena. Chegar e sair de avião não era das melhores coisas. Nesse aspecto, Moncton era muito mais central e tinha melhores conexões aéreas com as principais cidades canadenses e americanas.

Ao longo dos anos, não acumulei muita coisa, de modo que, ao final dos meus estudos em Moncton, meus pertences cabiam facilmente em 4 ou 5 caixas. Além das minhas roupas, eu havia adquirido uma pequena coleção de livros e discos, típica do que a maioria dos estudantes acumula durante um período de quatro anos de educação pós-secundária. Eu não possuía nenhum móvel, embora o desejo de ter alguns estivesse começando a surgir. Tendo tão pouco em meu nome, mudar meus pertences pessoais para outra cidade não seria um problema .

Foi ideia da Frenchy que eu embalasse minhas coisas e etiquetasse as caixas de forma a identificá-las como minhas. Ela as adicionaria à sua pilha de caixas para levar para Ottawa. Dessa forma, eu poderia voar para Ottawa e não me preocupar com meus bens materiais. Eles seriam eventualmente entregues em um endereço na Rua Friel, de onde eu os retiraria .

Nem Frenchy nem eu nos sentimos culpados por fazer isso. Ela havia descoberto que seria aplicada uma taxa fixa e que, fossem seis ou dezesseis caixas, o custo seria o mesmo. Ironicamente, tínhamos conseguido o apartamento que dividíamos partindo do pressuposto de que éramos um casal da classe trabalhadora e não estudantes, então mudar nossos pertences juntos foi simplesmente continuar com a mesma mentirinha.

# Um sábado tempestuoso

Café da manhã na cama, pensei comigo mesmo; Joshua certamente apreciaria. Em questão de minutos depois de me levantar, eu estava de volta ao quarto com torradas e geleia, uma tigela de frutas e um copo de suco de laranja cuidadosamente dispostos em uma bandeja .

'Vossa senhoria está servido', eu disse .

'Você não precisava fazer isso', disse Josh. 'Esta é a primeira vez que tomo café da manhã na cama.' 'Aproveite!', eu disse. 'Você não recebe esse tipo de tratamento com frequência.' 'Mas e as migalhas na cama?', acrescentou ele .

'Não se preocupe, eu cuido disso', eu disse. 'Não tenho muitas oportunidades de mimar alguém, então aproveite enquanto dura.' No final da manhã, nevou consideravelmente e não dava sinais de que pararia. As ruas estavam ficando congestionadas à medida que a neve se acumulava rapidamente. Parecia que a cidade estava praticamente parada em uma manhã de sábado normalmente movimentada. Normalmente, eu estaria fazendo compras a essa hora, mas planejei de outra forma. As compras de supermercado foram feitas na quinta-feira à noite para evitar ter que fazê-las no sábado, caso um cara maravilhoso resolvesse ficar um tempo na minha casa .

Continuamos a explorar os mundos um do outro, aprofundando nossas conversas. Já havíamos confirmado que compartilhávamos valores semelhantes e buscávamos um relacionamento estável e de longo prazo, baseado em confiança e respeito. Embora tivéssemos origens diferentes, nossos valores familiares não eram tão distintos. Apesar de ele ter sido criado em uma família de classe média alta, a riqueza da família não o afetou negativamente, ou pelo menos era o que parecia. Ele não parecia mimado. A julgar pelos exemplos que ele deu de situações em que seus pais esperavam que ele participasse do desenvolvimento dos negócios da família, pude perceber que ele certamente havia trabalhado duro para ajudar a garantir o sucesso dos negócios .

Era óbvio que ele vinha de uma família unida, onde o trabalho árduo era esperado, mas também recompensado de tempos em tempos .

"Algum plano para o Natal?", perguntei .

"Sim", respondeu Joshua. 'Temos um apartamento na Flórida e vamos passar algumas semanas lá. Partiremos em uma semana... Você parece triste! Está preocupada?' 'Não poderemos nos ver por um tempo. Você pode se esquecer de mim', eu disse, sem jeito .

'Isso não vai acontecer', Joshua me assegurou. 'Vou te escrever um cartão-postal todos os dias, prometo. Seria bom se eu conseguisse uma foto recente sua para me ajudar a lembrar como você é.' 'Pode deixar', eu disse. 'Só não deixe por aí. Você não quer levantar suspeitas.' Ficou claro para mim que, embora Joshua ainda morasse com os pais e eles soubessem que ele era gay, não havia uma aceitação completa de sua homossexualidade. Ele havia tido alguns relacionamentos, mas nenhum que durasse muito tempo. Em todos os casos, seus namorados eram da mesma faixa etária. Nossa diferença de dez anos eventualmente causaria preocupação, mas eu não tinha pressa em trazer isso à tona. Embora as pessoas me dissessem que eu parecia mais jovem do que minha idade, o mesmo poderia ser dito de Josh. Era evidente que não éramos da mesma geração .

Meu medo, embora um pouco prematuro, era que Joshua pudesse encontrar alguém da sua idade e sentir que estava perdendo algo na vida. Ele ainda tinha mais aventuras para viver? Ele ia querer explorar o mundo? Eu me perguntava se as pessoas pensariam que eu estava roubando um bebê. Mas esse sentimento também era um pouco exagerado. Ele estava prestes a completar 30 anos; embora ainda morasse com os pais, não era um jovem imaturo em busca de um sugar daddy. Eu me preocupava que, se decidíssemos morar juntos, seria estranho, senão difícil, para ele se mudar da casa da família (uma casa espaçosa de 370 metros quadrados em quatro andares) para um apartamento bem moderno de dois quartos. Meu mundo mudaria substancialmente com a chegada dele ao Connor Court, mas a mudança dele seria drástica. Sempre achei que todos deveriam experimentar morar sozinhos pelo menos uma vez na vida e que a melhor época para isso é quando se é jovem. É uma experiência de aprendizado maravilhosa que Joshua perderia se viesse morar comigo direto de casa. Mesmo assim, eu não o encorajaria a fazer isso por medo de perdê-lo completamente. Eu estava me precipitando; não conseguia evitar de prever as muitas reviravoltas que nosso relacionamento tomaria. Fiel a mim mesma e com uma mentalidade *de "Que será, será "*, afastei esses pensamentos sombrios .

"Está com um pouco de fome?", perguntei. " Sim", respondeu Joshua. "Vamos sair para comer alguma coisa?" " Dê uma olhada pela janela", eu disse. "O que você acha de ficarmos em casa? Eu preparo uma sopa e faço sanduíches." "Por mim, tudo bem", disse Josh .

Fui até a cozinha para pegar algo para comermos durante a tarde. Joshua ficou na sala de estar admirando as obras de arte e examinando minha coleção de música. De vez em quando, ele via algo sobre o qual queria mais informações. Ele vinha até a entrada da cozinha para perguntar sobre o que tinha visto e, quando obtinha a resposta, voltava para a sala de estar para continuar sua descoberta. Através dos pertences de uma pessoa, podemos aprender muito .

informações e era exatamente isso que ele estava fazendo. Senti-me confortável por ele querer saber mais sobre mim. Se ele se sentisse à vontade no meu apartamento, isso facilitaria as coisas para nós mais tarde .

Sentamo-nos em uma pequena mesa dobrável em frente à janela da sala de jantar. O cômodo era grande o suficiente para ter uma grande mesa redonda com tampo de vidro para seis pessoas e uma mesa de café da manhã menor e mais íntima. Comemos devagar enquanto continuávamos a conversar sobre as próximas festas de Natal. Pela primeira vez em muito tempo, parecia Natal, enquanto a neve continuava a cair muito levemente, cobrindo as árvores e as casas e apartamentos de tijolos vermelhos nas ruas MacLaren e O'Connor. Da nossa janela no segundo andar, parecia que estávamos olhando para uma pintura de Cornelius Krieghoff. Apesar de detestar os meses mais frios, eu tinha um carinho especial pelas paisagens de inverno. Atribuía isso à minha infância no norte de New Brunswick, onde a neve começava a cair no início de novembro e permanecia até o final de abril. Eu odiava os longos invernos, mas a brancura e a pureza da neve cobrindo tudo à vista, fazendo com que cada cena parecesse saída de um conto de fadas, estavam gravadas na minha memória. Naqueles dias em que as escolas tinham que fechar, quando os limpa-neves ficavam na garagem da cidade porque o tempo estava muito ruim, tínhamos um dia de folga para brincar. Era pura alegria não só evitar as aulas, mas também brincar nos montes de neve branca que enchiam o nosso quintal. Era um ambiente seguro, onde todos os pais ficavam felizes em deixar seus filhos brincarem ao ar livre. Naqueles primeiros anos, a neve ainda era impressionante; eu ainda não tinha aprendido a desgostar dela .

"Você parece estar muito longe", disse Josh .

"Eu estava apenas relembrando minha infância em Dalhousie", respondi. "Estava me lembrando da diversão que tinha com meus amigos construindo fortes e cavernas no quintal. As cavernas eram especialmente agradáveis, pois eram domínios privados onde se sentia uma sensação de privacidade e propriedade. Usávamos velas para iluminar o interior. A luz suave proporcionava uma atmosfera de paz e tranquilidade. Às vezes, parecia romântico; No entanto, vestidos com várias camadas de roupa, nada de impróprio jamais aconteceu naquelas moradias

abaixo de zero, embora eu frequentemente suspeitasse que minha mãe pensasse que meu amigo e eu estávamos fazendo coisas desagradáveis. ' Vamos nos arrumar e dar uma caminhada na neve', sugeriu Josh. Bem agasalhados, caminhamos pela Somerset em direção à Elgin Street, admirando as árvores carregadas de neve, seus galhos curvados ao máximo sob o peso da espessa camada branca acumulada nas últimas 12 horas. Os compradores corriam...
casa com seus tesouros. Ao longo da rua, ouvimos o som suave de músicas natalinas. Guirlandas e sinos pendurados nas vitrines das lojas contribuíam para o charme desta adorável área da cidade. A atmosfera de vila da Rua Elgin, entre Lisgar e McLeod, estava no auge do ano. No Triângulo Dourado, como é carinhosamente chamado, era possível sentir a sensação de saudade enquanto as pessoas se cruzavam sorrindo e desejando umas às outras um Feliz Natal. Caminhamos até Gladstone, seguindo para oeste em direção à Rua Bank. Embora não tão aconchegante quanto a Rua Elgin, havia muita coisa acontecendo nesta movimentada via, com pessoas entrando e saindo das lojas. Em nosso trecho final, caminhamos pela Somerset, entre as ruas Bank e O'Connor, para admirar as grandes mansões vitorianas que abrigavam restaurantes, bares e escritórios. Um dos prédios era novo; a antiga estrutura havia sido completamente destruída por um incêndio, e a prefeitura obrigou a construtora a reconstruí-la no estilo arquitetônico original. Um quarteirão histórico único de casas impressionou Joshua .
Era evidente que gostávamos da companhia um do outro. De volta ao apartamento, continuamos conversando sobre como seriam as festas de Natal e antecipamos a dificuldade de ficarmos separados. Senti que Joshua gostaria que nos víssemos novamente antes de ele e sua família partirem para a Flórida, mas isso se provaria quase impossível. Sabendo que seus pais provavelmente estariam se perguntando onde ele estava, já que não havia ligado desde que saiu de casa na noite anterior, sugeri que ele avisasse sua mãe que estava bem em Ottawa .
Depois que ele desligou, Joshua explicou que seus pais estavam realmente preocupados com seu paradeiro, pois a previsão era de que o tempo pioraria no sábado à noite. Com tristeza nos olhos, nos abraçamos antes de Joshua partir para Gatineau. Eu me perguntava se algum dia o veria novamente. Eu me perguntava se ele se lembraria de mim. Será que ele encontraria alguém mais interessante na Flórida e me descartaria sem mais nem menos? Encontrei conforto no fato de termos passado 36 horas maravilhosas juntos. *"Qué sera, sera"* , pensei comigo mesma enquanto começava a pensar no que faria para o jantar .
Os planos mudaram: fiquei sabendo por Joshua que a viagem à Flórida havia sido cancelada quando ele ligou na quarta-feira seguinte .
noite. Não havia nenhuma razão oficial para o cancelamento; secretamente, fiquei entusiasmada, pois isso significava que Joshua e eu passaríamos um tempo juntos durante as festas de fim de ano, embora eu soubesse que não o veria no dia de Natal. Teria sido inapropriado demonstrar entusiasmo com a mudança repentina de planos; eu me solidarizei com Joshua pela oportunidade perdida de passar o Natal no Sul profundo .
Minha euforia durou pouco. Dois dias depois, Joshua ligou para dizer que eles realmente partiriam para a Flórida no dia 21 de dezembro .

# Um Natal Solitário

Antecipando que o Natal seria mais doloroso do que o normal, certifiquei-me de ter vários passeios planejados. Minha amiga Mary, que havia se separado recentemente do marido, fez planos que me incluíam. Na véspera de Natal, junto com seu filho e filha, assistimos à missa infantil. Cheguei à casa deles em Centre Pointe vestida impecavelmente. Ao entrar , Susie estava na escada me observando. " *Vistamos nossas roupas alegres, fa-la-la, la-la-la, la la la!*", cantei para seus altos aplausos de aprovação .

Não ter filhos pequenos para compartilhar a alegria do Natal não torna os momentos felizes. Os filhos de Mary compensavam de forma extraordinária e sua exuberância por tudo que era festivo ajudava a preencher o vazio na minha vida. Os sorrisos em seus rostos enquanto assistiam aos patinadores se apresentarem impecavelmente no show Ice Capades eram impagáveis. Eles não eram meus filhos, mas poderiam ter sido, pois eu me importava profundamente com eles .

Inteligentes e espirituosos, Susie e Mike eram adolescentes típicos, fazendo o possível para conseguir o que queriam da mãe .

O incentivo e a paciência de Mary para com eles me faziam sentir que a atmosfera familiar acolhedora que existia em sua casa era muito real. Eu gostava de estar na presença deles, principalmente quando sentia falta dos meus próprios irmãos .

Após o falecimento da minha mãe em 1984, o Natal perdeu o seu significado. A família deixou de se reunir nessa época do ano, pois era difícil fazer com que todos viajassem para o norte de New Brunswick quando o tempo geralmente estava tão ruim. Embora meu pai estivesse vivo, era minha mãe quem tornava o Natal uma época tão mágica. Eu ansiava por voltar no tempo para poder desfrutar novamente de todas as tradições natalinas em família. Por mais que tentasse, nada nem ninguém conseguia me ajudar com meus sentimentos de desolação .

Uma pessoa que conseguia sentir minha tristeza era Gerry. Eu sempre podia contar com ele para me convidar para os jantares de Páscoa, Ação de Graças e Natal. Ele e seu falecido marido, Richard, eram os anfitriões perfeitos. Juntos, eles preparavam refeições requintadas, completas com decorações adequadas para cada ocasião. Um mestre na arte de fazer tortas, Gerry raramente perdia a oportunidade de assar uma torta de frutas que rivalizava com qualquer uma feita por nossas mães .

Quando convidados para jantar na casa de Gerry e Richard, nunca se sabia de antemão quem estaria lá. O casal conhecia muitas pessoas da comunidade gay e reunia todos aqueles que estavam sozinhos, para que ninguém passasse as festas de fim de ano sem amigos. Sua generosidade não conhecia limites; muitas vezes, nós.. .

Geralmente, oito a dez pessoas se sentavam ao redor de uma mesa lotada. O vinho corria solto, e cigarros de maconha eram oferecidos para abrir o apetite e relaxar os mais rabugentos, como eu. O humor era a marca registrada de Gerry; ele se esforçava muito para fazer os outros rirem e se divertirem, mesmo passando por alguns problemas de saúde difíceis que evitava mencionar por medo de estragar a festa. Seja na festa anual de Halloween ou na festa anual de aniversário, você tinha a garantia de se divertir muito .

Naturalmente, assim que as festas acabavam e a realidade voltava, eu me sentia miserável novamente. Fazer compras, mesmo sem comprar nada, era suficiente para me animar. Eu fazia isso regularmente, especialmente durante os meses mais quentes. Entrar e sair de lojas com um casaco pesado nos períodos mais frios do ano não era a minha ideia de diversão. Nos anos 70, a turma de Ottawa ia a Montreal fazer compras, pois lá havia muito mais variedade e a preços que não encontrávamos em Ottawa; mas dirigir até Montreal era arriscado; as estradas eram frequentemente precárias e escurecia muito cedo .

Poucas pessoas sabiam sobre Josh; mantive essa informação em segredo, não querendo parecer arrogante caso tudo desse errado. Uma das pessoas com quem me abri foi Mary, minha amiga pragmática, sabendo que ouviria seu ponto de vista franco. *A vida é cheia de...*

*"Surpresas"*, *pensei comigo mesmo; "quem sabe ao certo o que vai acontecer?"*

O ano de 1992 começou com um jantar de peru na casa de Mary com os filhos dela, no dia 1º de janeiro. Embora eu não tivesse comentado nada com ela sobre Joshua não estar me escrevendo, eu juraria que ela estava lendo meus pensamentos . Para me animar, Mary havia planejado uma noite de mistério e assassinato. Ótimo, pensei comigo mesma. Os cartões-postais prometidos não chegaram, me deixando pensando se eu tinha sido tão tola a ponto de achar que aquele rapaz se importava. Na semana seguinte, Joshua e sua família estariam de volta ao Canadá e eu saberia então qual era a minha situação .

O tempo passaria mais rápido, pois eu voltaria ao trabalho e não ficaria mais o dia todo pensando nele. Será que eu não estava um pouco velha para estar tão envolvida com alguém que mal conhecia? Me senti como uma adolescente apaixonada pela primeira vez .

No final da tarde de 7 de janeiro , voltando do trabalho para casa, verifiquei minha caixa de correio. Estava lotada! Havia tantos cartões-postais que o carteiro havia colocado uma fita elástica em volta deles. Mal podia esperar para entrar no meu apartamento; certamente ele não havia escrito todos se não estivesse interessado. Ele havia escrito mais de um por dia! Levei alguns minutos para organizá-los por data; eu queria lê-los em sequência para ter uma visão completa. Ele estava se divertindo, mas também sentia minha falta. Ele mencionou que seu pai havia lhe dito para guardar minha fotografia, pois visitas chegariam e perguntas embaraçosas poderiam ser feitas .

O que mais eu poderia querer? Agora eu tinha provas de que Joshua estava vivo e bem, e ainda interessado em mim: pelo menos interessado o suficiente para querer me escrever todos os dias. Fazia muito tempo que eu não me sentia bem comigo mesma e com a vida. Essa renovada esperança era exatamente o que eu precisava. Refleti sobre a ironia de conhecer alguém aos 39 anos. Lembrei-me da vidente que conheci em Edmonton em 1975, que me disse que minha vida amorosa seria muito difícil e que eu só encontraria minha alma gêmea perto dos quarenta. Seria Joshua essa pessoa?

# Postais da Flórida

Eu não esperava que os cartões-postais do Josh chegassem tão rápido, sabendo que o correio normal durante as festas de fim de ano costuma ser bem lento, e seria loucura pensar que eu receberia notícias dele antes do Boxing Day (26 de dezembro). Quando o telefone tocou na manhã de Natal, presumi que fosse minha irmã Claire ou um dos meus irmãos ligando. Como a conversa foi curta e cordial, imaginei que ele teria ligado para a casa da mãe ou do pai. Ele mencionou que estava escrevendo todos os dias: pretendia enviar um primeiro lote de cartões assim que os Correios dos Estados Unidos reabrissem depois das festas .

Joshua cumpriu a promessa de enviar um cartão-postal por dia, no qual anotava a temperatura diária, como se quisesse se lembrar do motivo de estar na Flórida. Uma foto do bairro Art Déco de Miami Beach foi o primeiro cartão-postal que ele escreveu em 22 de dezembro , no qual relata um longo segundo dia de viagem. Em vez dos habituais dois dias e meio de viagem, eles dirigiram até Sunny Isles, chegando às 23h daquele dia. Ele havia escolhido cuidadosamente o cartão-postal Art Déco para me agradar .

Ele menciona que, enquanto estava na loja Pedro's South of the Border, encontrou uma escultura de quase um metro do Davi de Michelangelo em uma das lojas de presentes .

Temendo a desaprovação de seus pais, decidiu não comprá-la, o que provavelmente foi uma decisão sábia. Qualquer obra de arte com uma figura masculina nua certamente causaria estranheza e não seria bem vista. Ele teria que esperar até morar longe de casa para adquirir tais coisas .

Se eu tinha alguma dúvida sobre as intenções dele, elas foram dissipadas com as últimas quatro palavras: "Já estou com saudades!". No entanto, o primeiro cartão-postal só chegou à minha caixa de correio no dia 6 de janeiro. Desde nossa última visita juntos, meu humor estava oscilando muito. Num minuto eu me sentia como se tivesse ganhado na loteria, e no minuto seguinte, estava com sentimentos contraditórios. Será que eu realmente o merecia? Será que isso estava mesmo acontecendo? O segundo cartão era bem comum. Destinado a visitantes da Flórida que gostam de chá, dizia: "Estou numa situação ótima... enquanto você se diverte!". Foi escrito em 23 de dezembro, mas só foi enviado em 4 de janeiro , como indica o carimbo postal. Chegou no dia 6 de janeiro e conta sobre um passeio especial para comemorar o aniversário de 51 anos do pai dele. Ele assinou os dois primeiros cartões-postais como "Joshua"; todos os outros foram assinados como "Josh". Enquanto estávamos juntos, ele nunca tinha usado o forma abreviada do seu nome; eu me perguntava se essa familiaridade era um sinal de que ele se sentia mais à vontade comigo. Será que ele estava, na verdade, me deixando ver a pessoa real por trás da persona? No dia 7 de janeiro, vários cartões-postais chegaram de uma vez! Na maioria das vezes, as mensagens eram sobre tarefas domésticas diárias, passeios à praia para observar os homens bonitos e jantares fora ou encontros com amigos da família para uma refeição. Nos dias 24 e 25 de dezembro , ele escreveu dois cartões-postais. Em um deles, ele fala sobre ir à praia e ver todos os corpos bonitos. "Sou como um cara de dieta", escreveu ele, "Estou satisfeito em apenas olhar o cardápio". Joshua lamentou o fato de estar sozinho enquanto a maioria das pessoas estava em casais. O cartão de 26 de dezembro era uma vista de Key West, embora Joshua nunca tivesse estado lá. A fotografia foi tirada do ar, olhando para o cais de cruzeiros onde um navio da Holland America estava atracado. Comparando Key West com Provincetown e São Francisco como uma das principais Mecas gays, Joshua revelou que gostaria de visitar este "paraíso para homens gays". O outro cartão postal da mesma data dizia algo sobre sua preocupação com a humanidade. 'É comum ver pessoas paradas na beira da estrada com cartazes dizendo que ficariam felizes em trabalhar por comida', escreveu Josh. 'Você sabia que pelo menos 20% dos sem-teto que trabalham não ganham o suficiente para ter um lugar para dormir? Essa é Miami hoje.' Como as pétalas de uma flor que desabrocha sua beleza a cada dia que passa, Joshua estava começando a me mostrar quem ele realmente era. Embora sua família tivesse dinheiro, ele sentia a dor daqueles menos afortunados do que ele. Na escola, depois do Natal, quando a professora pedia aos alunos que descrevessem seus presentes, Joshua ouvia atentamente o que todos os meninos tinham ganhado para que, quando chegasse a sua vez, pudesse fingir que tinha recebido as mesmas coisas, quando, na verdade, tinha ganhado muito mais presentes, muitos dos quais bastante incomuns. Teria sido fácil ostentar a riqueza da família, mas ele optou por não fazê-lo; poucos meninos da sua idade tinham tanta sorte quanto ele, e não havia motivo para fazer os outros se sentirem inferiores. Na véspera de Ano Novo, Joshua e seu pai decidiram ir à Peaches. Com um logotipo que dizia "muita loja, muita música", eles compraram CDs de música e livros sobre a era disco. Joshua havia dito que gostava de música disco. O que eu não sabia na época era que colecionar música era sua principal paixão. Ele coleciona música dance dos anos setenta; sua coleção era e ainda é muito impressionante, e aumentava a cada visita a uma loja da rede Peaches Music.

Em seu cartão postal de Ano Novo, Joshua escreve sobre ligar para sua avó para desejar-lhe um Ano Novo saudável e próspero. O desejo dela para ele era que encontrasse uma moça legal, ao que ele respondeu: "Vovó, por que você me deseja problemas?". Ou ela não tinha percebido que ele era gay, ou estava tentando descobrir. Joshua manteve seu segredo a sete chaves por medo de que tal revelação pudesse causar sofrimento. Era muito cedo para mencionar que havia conhecido alguém que considerava um excelente parceiro para a vida toda. Havia alguns parentes gays daquele lado da família; certamente haveria aceitação, mas não havia pressa para fazer um anúncio, e certamente não por telefone. Será que era mesmo necessário contar essas coisas aos avós mais velhos? Isso mudaria a forma como eles se sentiam em relação a ele? Ele ainda não estava pronto para se arriscar; a cautela fora incutida nele desde a infância. Para cada decisão que tomava, analisava o potencial de erro ou problemas .

Sem benefícios garantidos, preferia manter o status quo .

O pai de Josh pegou um voo de volta para Ottawa no dia 7 de janeiro , pois precisava estar na cidade para reuniões antes do fim da semana. Depois de deixá-lo no aeroporto de Fort Lauderdale, Joshua e sua mãe voltaram de carro para o apartamento, onde assistiram a "Peggy Sue Got Married" pela terceira vez. Este filme de Francis Ford Coppola de 1986, considerado por Siskel e Ebert como um dos melhores do ano, conta a história de uma mulher (Peggy Sue Bodell) à beira do divórcio que se vê transportada de volta aos seus últimos anos do ensino médio. Esta comédia romântica fantástica centra-se na difícil relação entre Peggy Sue e seu marido Charlie que, graças ao reencontro no ensino médio, se redescobrem depois de terem estado muito perto do divórcio. Joshua admitiu que ficou com lágrimas nos olhos ao assistir ao filme pela terceira vez. Ele se sentiu nostálgico naquela noite; estava ansioso para voltar ao Canadá. Em seu último cartão postal, datado de 9 de janeiro de 1992, Joshua afirma: "Estou ansioso para voltar para casa; Sei que você está esperando pacientemente pela minha resposta.

# Liberdade, enfim!

'Cheguei a Ottawa na segunda-feira, 26 de abril de 1976', eu disse. 'Senti uma sensação de liberdade que nunca havia experimentado antes. Meus anos de universidade haviam terminado ; era hora de construir uma vida para mim, embora soubesse que levaria um bom tempo até que as coisas começassem a se encaixar. Teria sido muito diferente se Norman e Marcello não tivessem sido tão acolhedores. Eles me fizeram sentir segura, me ofereceram acesso total à sua casa e até me ajudaram a encontrar um emprego temporário para que eu pudesse me sustentar. Nos primeiros anos da minha vida na capital do país, ganhar dinheiro suficiente para sobreviver era minha principal preocupação.' "Você chegou aqui sem nenhuma reserva financeira!", disse Josh .

Vindo de uma família bem estabelecida e com muitos recursos, era difícil para ele compreender como o dia a dia de alguém saindo da universidade endividado poderia ser a força motriz para o sucesso, apesar de todas as adversidades. Meus pais simplesmente não tinham condições de me pagar a universidade, muito menos de me ajudar a me estabelecer depois da formatura .

Lá estava eu, morando em Old Chelsea, Quebec, a apenas vinte minutos de carro do centro de Ottawa. O apartamento que eu dividia com Norman e Marcello era espaçoso e adequado. Localizado acima de um mercadinho rural administrado por um jovem casal que lutava para prosperar, estávamos a uma curta distância a pé da entrada do Parque Gatine au, onde ficava o Café Luigi's. Este restaurante italiano pitoresco e rústico foi idealizado pela família McCraig, o segundo de uma pequena rede de restaurantes. Foi também onde Marcello trabalhou como barman e Norman como garçom. O interior do restaurante consistia em um vestíbulo de entrada que levava diretamente ao bar à esquerda e ao salão principal à frente. Uma sala de jantar menor ficava nos fundos do estabelecimento, ao final de um longo corredor .

A poucos passos da vila, o Café Luigi's havia conquistado uma reputação impressionante e uma longa lista de clientes fiéis. Aninhado em uma área arborizada e construído a partir de uma antiga casa de campo, não muito longe do cruzamento da Kingsmere Road com a Notch Road, o restaurante ficava ao lado do campo de golfe Dunde Rosa. Nas noites quentes de verão , uma brisa fresca e o cheiro de pinheiros da mata tornavam a propriedade extremamente convidativa .

Os proprietários queriam contratar uma recepcionista que também cuidasse do caixa. Uma boa palavra foi dada em meu nome e fui contratado sem muito esforço da minha parte. Meu título era *Maître d '* e eu gostava do papel e do status que me conferia. Meus serviços eram.. .

Exigia-se que todas as noites, de quinta a domingo, fossem dedicadas ao jantar. Um sistema justo de divisão de gorjetas já havia sido estabelecido muito antes de eu ser contratado .

Graças a isso, meus ganhos eram decentes e me permitiam contribuir para os custos da comida e do aluguel dos meus anfitriões .

O Luigi's era um restaurante muito popular na época. A decoração era em estilo celeiro antigo, com iluminação suave e discreta. As paredes revestidas de juta eram decoradas com arte barata, porém bonita, e luminárias pendentes criavam um clima romântico, cuidadosamente projetado pelos proprietários .

Eles escolheram mesas de madeira maciça com acabamento escuro e suportes impressionantes e robustos. Até mesmo a menor das mesas tinha enormes pernas cruzadas sustentando o tampo quadrado de cinquenta centímetros. A música de Crooner havia sido gravada em fitas de rolo transmitidas dos aposentos privados dos McCraig para o restaurante. A Sra. McCraig guardava a sete chaves suas receitas secretas de lasanha, manicotti, crepes, cannelloni e vitela à parmegiana que tornaram o restaurante famoso .

"Por favor, acompanhem-me até a recepção", dizia Norman aos convidados que estavam prestes a sair, "e o *maître* cuidará de vocês." Depois que pagavam e saíam do restaurante, Norman dizia em voz alta:

*Maître, uma ova! Para mim, ele é mais um caixa!*

Ele riu enquanto se afastava em direção à cozinha para pegar seu próximo pedido. Ele tinha razão. Embora meu título fosse Maître d', eu não desempenhava as funções usuais de alguém nessa posição. Minhas únicas responsabilidades eram recepcionar os clientes, pendurar seus casacos e jaquetas e levá-los à mesa. Quando as contas estavam prontas , eu adicionava os impostos aplicáveis e calculava o total. Norman estava certo; eu era um *Maître d'* apenas no nome . Depois que todos os clientes saíam do restaurante, os funcionários se reuniam na pequena sala de jantar e conversavam sobre os melhores momentos da noite. Compartilhávamos anedotas engraçadas e dividíamos as gorjetas. Norman sempre tinha a melhor e mais engraçada história . "Eu estava passando pela mesa 11 quando ouvi a conversa de duas senhoras mais velhas compartilhando uma refeição", disse Norman. "Uma senhora perguntou à outra: ' *Você tem alguma coisa entre as pernas?* ' E a segunda senhora respondeu: ' *Acho que isso não é da sua conta!* ' O sorriso irônico no rosto de Norman foi impagável." Aos sábados à noite, planejávamos um encontro, seja no nosso apartamento ou em algum barzinho local. Íamos para a cama às 3 ou 4 da manhã, na esperança de não sermos acordados pela esposa do dono cantando músicas do ABBA junto com o rádio enquanto repunha as prateleiras no mercado embaixo de nós. A febre disco estava no auge e a comunidade gay estava adorando tudo. Graças a nós, pessoas como Donna Summer, Vicky Sue Robinson, Van McCoy e muitas outras se tornaram superestrelas. Os gays idolatravam as divas da disco; compravam suas músicas, dançavam em discotecas e as seguiam de cidade em cidade onde quer que se apresentassem . Josh, um aficionado por música, gosta da era disco mais do que de qualquer outro período musical. Ele se interessa em saber como a música dos anos 70 marcou nossas vidas. Ele fica fascinado por qualquer história que mencione a música de sua adolescência, que teve um impacto duradouro nele. Na opinião dele, era a melhor música para dançar de todos os tempos. Ele e sua irmã aprenderam algumas das coreografias mais populares, como o "Hustle" .

— Acho que já falei demais — eu disse. — Tenho medo de te entediar até a morte .

— Não — disse Josh — suas histórias são fascinantes. Vamos dar uma passada aí qualquer dia desses.

# Um reencontro feliz

O telefone tocou cedo na manhã de sábado, 11 de janeiro de 1992. Seria ele? Joshua estava de volta à cidade? Hesitei, sem saber se deveria atender. Se atendesse e não fosse ele, ficaria devastada. Oh, rainha boba!, pensei comigo mesma. Uma mistura de excitação e medo me invadiu quando decidi que seria bobagem não atender o telefone. Não se tratava de ficar doente por causa de um término de namoro. O nervosismo logo passaria e eu saberia qual era a minha situação com Joshua se, de fato, fosse ele do outro lado da linha .

"Alô", eu disse ao atender .

"Richard, aqui é Joanna, da Autoridade Aeroportuária de Ottawa. Você estaria disponível para fazer um turno no balcão de desembarque amanhã de manhã?" Perguntei ao Coordenador de Voluntários .

Ele hesitou por um momento e eu respondi: "Sim, com certeza" .

Não querer tirar nenhum tempo livre que eu pudesse passar com Joshua me fez hesitar em fazer um turno extra de voluntariado no Aeroporto Internacional Macdonald Cartier de Ottawa. Eu realmente gostava de trabalhar no quiosque de informações no balcão de desembarque. Meu turno regular sempre foi nas manhãs de domingo, das 9h ao meio-dia. Algumas pessoas vão à igreja aos domingos; eu ia ao aeroporto para ajudar os outros. Era a minha maneira de retribuir à sociedade. A ideia de que "tudo o que vai, volta" me motivava a fazer o máximo de bem possível. Como alguém poderia perder ao tentar ser bom? Assim que eu ia me sentar para escrever minha lista de tarefas do dia, o telefone tocou novamente. Atendi sem hesitar .

"Oi, sou eu. Voltei da Flórida", disse Josh. "Tenho tanta coisa para te contar sobre a nossa viagem. Você tem um tempinho para me encontrar?", perguntou ele .

"Você pode vir jantar hoje à noite?", perguntei com um sorriso largo, como se ele pudesse me ver do outro lado da linha .

"Seria perfeito", respondeu Josh. "Senti muita saudade; estou ansioso para te ver de novo. Posso passar a noite aqui, se não for incômodo." Eu queria dizer "Você pode ficar o tempo que quiser", mas achei que seria muito direto. Tínhamos gostado bastante um do outro, mas será que éramos realmente compatíveis? Quantos dos meus amigos se precipitaram em relacionamentos muito rápido, só para terem que recuar quando perceberam que a pessoa que pensavam conhecer bem era muito diferente da sua avaliação inicial? 'Claro, Josh', eu disse. 'Isso nos dará bastante tempo para nos atualizarmos. Quero saber todos os detalhes da sua estadia em Sunny Isles. Aposto que você está todo bronzeado!' 'O apartamento do meu pai fica bem ao lado da praia de Haulover, onde tem uma área de nudismo, mas eu seria morto se fosse lá pelado', disse Joshua, rindo enquanto as palavras saíam de sua boca .

'Espero você no final da tarde', eu disse. 'Lembre-se de não estacionar muito perto da cerca, senão o Tony terá problemas para remover a neve se nevar mais 4 a 6 centímetros.' 'Ok, te vejo mais tarde', disse Joshua, encerrando a conversa e desligando .

Fazer salada para mim era uma coisa, mas preparar um prato suculento para impressionar era outra completamente diferente. Eu não tinha perguntado sobre alergias e intolerâncias alimentares. O que eu estava pensando?! Deveria ligar de volta e perguntar? Percebi que não tinha o número de telefone dele .

Mesmo se tivesse, arriscaria ligar e falar com um dos pais dele? Será que eles associariam a voz ao rosto da foto na mesa de cabeceira do Josh na Flórida? Será que eles pensariam que eu sou velha demais para o filho deles? Tantas perguntas me invadiram a mente; senti que estava enlouquecendo. Qual era o sentido de me preocupar com isso agora? *Concentre-se no jantar, sua boba* , pensei, tentando me livrar da insegurança e dos medos injustificáveis .

Por fim, optando por um ensopado de frango, este prato fácil de fazer seria ideal, pois nos permitiria passar todo o tempo juntos e evitar a cozinha ao máximo. Eu o prepararia com antecedência e o colocaria no forno às 16h30 para que o cheiro da refeição perfumasse o apartamento .

Às 17h, a campainha do interfone tocou, indicando a chegada de Josh. Abri a porta do apartamento e lá estava ele, sorrindo, como eu me lembrava dele. Ele deu um passo para dentro do apartamento e imediatamente me abraçou. Isso me tranquilizou de uma forma que eu não sentia desde que nos vimos pela última vez em meados de dezembro. Não há nada de falso nele; Ele era natural e exuberante. Detestava pessoas falsas; não tinha paciência para elas. Era evidente que ele era autêntico e esperava que os outros também o fossem .

"Venha me contar tudo sobre a Flórida. Como foi a viagem? Quero saber tudo", eu disse .

"Saímos no dia 21 de dezembro para chegar à Flórida a tempo do aniversário do meu pai", disse Joshua. "Minha mãe sempre se certifica de que façamos algo especial para o meu pai, já que o aniversário dele é tão perto do Natal. Quando ele era jovem, odiava o fato de ter nascido no dia 23 de dezembro . Ele ganhava um presente que servia tanto para o aniversário quanto para o Natal. Acho que ele sentia que era um pouco injusto." "Vocês chegaram a tempo?", perguntei .

— Sim — respondeu Joshua. — Dirigimos de Ottawa até a fronteira com os EUA na Ponte das Mil Ilhas. Depois de entrarmos nos Estados Unidos, a neve e o vento dificultaram a direção, principalmente ao norte de Syracuse, Nova York, perto de Parish. A neve causada pelo efeito do Grande Lago é um problema lá toda vez que passamos. Assim que chegamos ao sul de Syracuse, as estradas melhoraram bastante; chegamos em bom tempo a Fredericksburg, Virgínia, nossa primeira parada, por volta das 17h. — Fica ao norte ou ao sul de Washington? — perguntei .

— Fica ao sul de Washington, na Rodovia 17, no cruzamento com a Rodovia 95, que nos leva até a Flórida — disse Josh. — É um lugar fácil de entrar e sair; Além disso, há tantos hotéis que é fácil encontrar hospedagem. Normalmente, levamos dois dias e meio para chegar à Flórida. Geralmente, nossa segunda noite é no norte da Flórida, perto de St. Augustine, o que nos deixa com uma viagem tranquila de carro no terceiro e último dia. ' Nunca viajei tão longe de carro. Deve ficar entediante às vezes. É bonito?', perguntei .

'Embora seja estrada na maior parte do caminho, gosto da paisagem, das pequenas cidades e de alguns lugares especiais onde meu pai gosta de parar e passear', disse Joshua .

'Dê-me um exemplo de um lugar assim', eu disse .

'Pedro's South of the Border', disse Josh. 'Este lugar é muito incomum.' Antes mesmo de chegar lá, você vê placas a até 160 quilômetros de distância anunciando o local. Cada outdoor é diferente; os anúncios chamativos são divertidos e agradáveis. O Pedro's fica a menos de oito quilômetros da divisa entre a Carolina do Norte e a Carolina do Sul. Começou com um posto de gasolina e um restaurante; todo ano eles adicionam um novo pavilhão, uma loja, um brinquedo de parque de diversões, um lava-rápido ou algo mais que possa atrair pessoas para o local. Todos os prédios são pintados em cores vibrantes que lembram o México. É de gosto duvidoso, mas pode ser um deleite para os olhos. Raramente passamos por lá sem parar; virou tradição. No centro desse conjunto bizarro de prédios, ergue-se uma alta torre pontiaguda sobre a qual repousa um enorme teto sombrio multicolorido. É a personificação do kitsch! 'Vocês param para mim também?', perguntei .

'Minha mãe prepara a caixa térmica para que tenhamos bastante comida durante a viagem; no entanto, jantamos fora todas as noites', disse Josh .

'Falando em jantar, preciso preparar o jantar', respondi. Mais tarde naquela noite, Joshua admitiu que gostava bastante de mim e que gostaria de me ver com mais frequência. Por sugestão dele, nos encontraríamos uma vez durante a semana e passaríamos nossos fins de semana juntos .

O plano era que Joshua se juntasse a mim, desde que seus pais não tivessem definido tarefas para ele fazer, caso em que ele tentaria concluir todas as tarefas durante a semana para ter os fins de semana livres. Isso era mais do que eu esperava; concordar com esse plano significava que nos veríamos regularmente e no meu território, o que facilitaria as coisas para mim .

Depois da refeição, Joshua se juntou a mim na cozinha para ajudar com a louça. Sempre pronto para ajudar quando necessário, ele secou a louça e a guardou. Sua mãe tinha feito um ótimo trabalho criando-o e ensinando-o a fazer as tarefas domésticas .

Quando o trabalho terminou, sentamos na sala de estar para conversar. A conversa seguiu na mesma direção da última vez. Joshua perguntava sobre meus primeiros anos em Ottawa, os amigos que eu tinha, os lugares onde morei e os empregos que tive. Embora eu já tivesse contado muito sobre mim, ele queria mais. Ele estava curioso para saber como eu me sentia passando por momentos difíceis, como a epidemia de AIDS, a perda de amigos próximos e a dificuldade de encontrar acomodação em uma cidade onde imóveis para alugar bons e acessíveis eram raros. Era difícil para ele entender como eu conseguia morar tão longe da minha família. Compartilhei com ele coisas que havia escondido de todos. Meu instinto me dizia que eu podia confiar nele com meus segredos mais íntimos, sabendo que ele respeitaria minha privacidade e não divulgaria informações pessoais que eu compartilhasse com ele.

# Em busca de um propósito

Os pensamentos sobre meu irmão deitado em um hospital de Montreal, agarrando-se à vida com toda a força que lhe restava, ocupavam tanto minha mente que eu não conseguia enxergar o interesse que qualquer outra pessoa pudesse ter por mim. Quando Joshua apareceu pela primeira vez, eu estava completamente alheio à sua presença. Na segunda vez, notei sua presença, mas não estava em condições de perceber que ele queria me conhecer. Tão absorto estava eu com a luta do meu irmão que, se ele não tivesse sido persistente, não teríamos nos conhecido. Sem essa determinação, nossos caminhos não teriam se cruzado; qualquer chance de construir um relacionamento teria sido irremediavelmente perdida. Me intrigava o fato de Joshua nunca ter desistido; Era um sinal de uma pessoa disposta a tentar e tentar novamente quando o sucesso inicial era difícil de alcançar. Quem era essa pessoa incomum? Por que estava tão empenhada em conhecer alguém tão comum quanto eu? A doença do meu irmão Geoffrey despertou sentimentos de inferioridade que eu nutria por toda a minha vida. Ele era o mais próximo em idade e o que mais se parecia comigo entre todos os meus irmãos. Bonito e popular entre todos , fazia amigos facilmente. Ele era tudo o que eu não era; eu sentia que ele tinha tudo e que eu havia desperdiçado minha vida. Seu status de quase astro do rock como baterista em uma das bandas locais lhe dava a notoriedade e a fama na pequena cidade que eu só podia sonhar em alcançar .

No entanto, meu único desejo era deixar Dodge sem destruir minha reputação ou a da família Steves, pois ter um filho queer não é algo de que uma família se orgulharia. Meu passado sombrio nunca esteve longe de mim; em uma cidade grande como Ottawa, eu podia deixar o passado para trás, mas não conseguia esquecer a vergonha que sentia por não ser o filho perfeito que meus pais talvez desejassem. Para ter sucesso em uma cidade grande, é preciso ter nervos de aço e muita confiança; eu não tinha nenhuma das duas, mas tinha uma forte vontade de construir meu próprio nome. Talvez tenha sido essa motivação subjacente que Joshua viu em mim .

Alguns meses antes de conhecer Josh, conheci três caras legais; James, um diácono de Manitoba, Paul, um padre de Londres, e Tom, um estudante de teologia no Seminário de Londres. Nossas discussões sobre a Igreja alimentaram meus desejos reprimidos de me tornar padre, que haviam surgido enquanto eu era estudante em um seminário menor em New Brunswick, na década de 1960. Todos os três eram gays; no entanto, isso não Parecia ser um problema para eles. Eles sentiam que podiam seguir os ensinamentos da Igreja, apesar de a homossexualidade ser malvista pelo Vaticano. Parecia que, contanto que alguém não ostentasse sua sexualidade, a hierarquia da Igreja faria vista grossa. Por anos, eu havia contemplado o sacerdócio, pensando que servir a Deus daria sentido à minha vida. No entanto, eu não conseguia aceitar a posição da Igreja Católica sobre a homossexualidade, muito menos ser um padre gay e ter um parceiro. Vidas paralelas seriam injustas para ambos. Eu não tinha intenção de viver uma mentira; honestidade e veracidade eram os pilares do meu ser .

Meus medos de envelhecer sozinho se intensificaram com o passar dos anos. Aos 39, eu não era nem o cara mais atraente, nem a pessoa mais cativante em qualquer grupo. Eu me sentia atraído por pessoas que eram principalmente jovens, atraentes e autoconfiantes. Na iminência de completar 40 anos, o que no mundo gay significa o início da velhice, a pressão para encontrar um parceiro se torna mais forte do que nunca. A artrite crônica, que afetava principalmente minha coluna, era debilitante e acrescentava anos à minha vida. A dor era diária ; eu a controlava da melhor maneira possível, na esperança de que passasse despercebida. Pouco antes de conhecer Josh, sofri uma grave crise de artrite, provavelmente causada pelas tensões geradas no trabalho, juntamente com a incerteza em relação à doença de Geoffrey .

Nas semanas que antecederam meu primeiro encontro com Josh, Geoffrey havia sido transferido do Hospital Hôtel-Dieu, na cidade de Quebec (onde se submeteu à quimioterapia e banhos diários de mostarda), para o Hospital Geral de Montreal para radioterapia, após a qual recebeu alta e continuou seu tratamento com interferon autoadministrado. Durante minhas visitas ao hospital de Montreal, ele me confessou que vinha sofrendo de suores noturnos havia quase um ano; O teste de HIV foi considerado, mas rejeitado categoricamente por Geoffrey. Ele achava que suspeitavam que ele fosse gay? Ele era um caso excepcional. Como as roupas íntimas não foram reutilizadas, tiveram que ser destruídas como medida de precaução. Segundo a equipe médica que o atendia, havia apenas alguns casos semelhantes em toda a província de Quebec .

Busquei forças onde quer que as encontrasse. Li para me manter ocupado e afastar meus pensamentos negativos. Em *Um Novo Dia; 365*

*Em Meditações para o Crescimento Pessoal e Espiritual , de J.S. Dorian, a seguinte citação me fez parar imediatamente:*

*Há momentos em que enfrentamos tarefas particularmente difíceis. Quando contemplamos a enormidade do que está por vir, nossas projeções muitas vezes nos dizem que não conseguiremos superá-las — embora devamos. Ficamos tão convencidos de que vamos falhar, que nossa convicção negativa se torna uma profecia autorrealizável.*

Em todo lugar que eu olhava, havia sinais positivos: mensagens de esperança que eu não podia ignorar. Caminhando pela Rua Elgin, na esquina com a Rua Somerset, em frente à Igreja de São João Evangélico, o quadro de avisos diário dizia: "Você foi carregado ao nascer e será carregado ao morrer. Que tal caminhar nesse intervalo?" Apesar da minha artrite, eu conseguia andar; eu continuaria de pé e aproveitaria ao máximo o que a vida me deu. A presença de Josh mudaria o rumo da minha vida? Ele me daria esperança? A esposa do meu irmão Phil, Janice, enfermeira de profissão, havia dito que era provável que Geoffrey partisse até o Natal, pois sua situação havia se deteriorado muito rapidamente. Temendo que ele falecesse antes que eu tivesse a chance de reconciliar minhas diferenças com ele, fiz as pazes com Geoffrey em minha última visita ao Hospital Geral de Montreal , poucos dias antes do Natal, mas as festas já haviam passado e meu irmão estava de volta à sua casa em Campbellton. Ele havia superado as expectativas; viveria muito mais tempo do que até mesmo a pessoa mais otimista havia previsto .

Agora que Geoffrey estava de volta para casa, pude seguir com a minha vida. Ficou claro que ele não estava curado, mas a remissão lhe deu tempo para resolver pendências e se preparar para o inevitável. Serena, ao longo das semanas e meses que se seguiram, sua companheira, Gisèle, cuidou dele ininterruptamente. Sua pele descamada deixava rastros de partículas brancas por onde ele passava; os lençóis tinham que ser trocados dia sim, dia não, e lavados em água muito quente com bastante água sanitária. O fato de ele sempre sorrir durante toda essa provação era um mistério para mim; ele certamente era abençoado com uma força interior que nunca havia sido observada antes. Eu me maravilhei com sua capacidade de ser positivo quando tudo parecia tão sombrio. Eu não tinha do que reclamar; ver Geoffrey dessa forma foi uma grande lição de vida: aceite com graça o que o Senhor lhe deu e tire o melhor proveito disso.

# O Início de um Relacionamento

Fiel à sua palavra e exatamente como planejado, Joshua estava de volta a Ottawa no dia 10 de janeiro . Na manhã seguinte, ele ligou, mantendo a conversa curta e objetiva. Ele sentia minha falta; queria saber quando poderíamos nos encontrar. Para mim, isso foi reconfortante; um mundo totalmente novo estava à nossa espera para descobrirmos e criarmos. Através do dia a dia, aprenderíamos um sobre o outro enquanto construíamos um relacionamento de forma lenta, cuidadosa e ponderada. Eu havia aprendido com experiências passadas; não cometeria os mesmos erros duas vezes. Não há pressa para desenvolver relacionamentos .

Joshua e eu planejamos passar o fim de semana juntos para continuar de onde tínhamos parado pouco antes de sua partida para os Estados Unidos. Meu plano era atualizá-lo sobre todas as notícias da família, incluindo a iminente separação de Phil de sua esposa Janice, os planos do meu irmão mais novo, Danny, de se casar com Marianne, o estado de saúde do falecido George e a saúde debilitada do meu pai. Devia parecer uma novela. No entanto, Joshua estava ouvindo detalhes sobre meus irmãos que eu não havia revelado antes. Educadamente, ele fez perguntas para esclarecer e obter informações adicionais para completar as histórias parciais que eu estava contando a ele. Em nenhum momento senti que ele estivesse julgando o que eu dizia ou a vida das pessoas sobre as quais eu falava .

Os planos de casamento também estavam sendo discutidos na família de Josh; sua única irmã, Louisa, ia se casar na primavera. Sabendo que Joshua estava namorando, ela deixou claro que somente ele estava convidado para o casamento. Mesmo que ele tivesse tido a oportunidade de ser acompanhado, não teria me convidado. Era muito cedo no relacionamento para arriscar alienar os membros da família. Afinal, ele fazia parte de uma família muito pequena e unida, onde pessoas de fora não eram bem-vindas .

Seu pai, membro do Parlamento por Gatineau, tinha uma reputação impecável; Era melhor evitar qualquer coisa que pudesse ter um impacto negativo em sua posição e reputação. Homem de caráter forte, ele deixava suas posições claras para os cidadãos de Gatineau. Era muito querido e respeitado por todo o bom trabalho que havia feito para atrair negócios para a cidade. Os moradores vinham diretamente a ele com suas preocupações; ele ajudava cada um individualmente, resolvendo problemas antigos .

Uma questão que não era tão fácil para seu pai lidar era talvez a homossexualidade de Josh. A fonte de seu desconforto era o tio. Como político na década de 1990, ter um filho gay não era algo que ajudaria a fortalecer sua imagem. Como uma nuvem cinzenta pairando no céu, a possibilidade de não ter netos o atormentava .

Sua mente. Várias opções para resolver o problema de Joshua foram oferecidas, incluindo sessões de terapia, os serviços de uma prostituta ou qualquer outra coisa que pudesse ajudá-lo a apreciar as mulheres e esquecer-se de mim .

Joshua estava firme em sua posição de permanecer fiel a si mesmo. Ele não permitiria que seu pai lhe ditasse como deveria se sentir, com quem deveria namorar e com quem deveria ser amigo. Minha foto, descoberta por acaso na mesa de cabeceira de Josh no apartamento na Flórida, não fez nada para acalmar as preocupações de um pai e político que fazia de tudo para manter a imprensa longe de seus assuntos pessoais. Joshua me transmitiu as preocupações do pai de uma forma que me fez pensar que seria preciso um milagre para que nosso relacionamento fosse aceito por sua família. Eu pressentia que levaria muito tempo até que pudéssemos ser vistos juntos em público em Gatineau.

A Rua O'Connor ficava deste lado, do outro lado do rio, em uma cidade diferente, onde Joshua não era muito conhecido. Passando um tempo no meu apartamento, poderíamos evitar olhares curiosos; poderíamos nos manter discretos, na esperança de que o tempo ajudasse a resolver o desconforto de não podermos ser completamente abertos. Joshua não tinha tanto medo quanto eu de aparecer em público em Ottawa, nem se acanhava em ser visto com um homem 10 anos mais velho .

Em janeiro de 1992, planejamos alguns passeios: um para o Ottawa Film Club e outro para o jantar da Lambda de Ottawa, onde Josephine Holitzner, a prefeita da cidade, havia sido convidada como palestrante . Era difícil dizer quem chamava mais atenção, Josephine ou Josh. Como um dos executivos da Lambda, eu era bem conhecido pelos membros regulares, que sempre me viam sozinho nas reuniões. Naquela noite, vários rapazes vieram até mim para serem apresentados ao jovem charmoso sentado à minha esquerda .

Assim que a palestrante terminou sua breve apresentação, ela respondeu a perguntas da plateia. Diversas questões foram levantadas, a maioria centrada na capacidade e no desejo da cidade de atender à crescente população gay de Ottawa, às quais a prefeita respondeu positivamente e com grande entusiasmo. Ela era conhecida por ser favorável à comunidade LGBTQIA+ e, embora não ostentasse a agenda gay, certamente ajudaria a direcionar as coisas para o caminho certo e a nosso favor. Nenhuma promessa foi feita, sob pena de ela se candidatar à reeleição sem ter realizado muito para ajudar a comunidade LGBTQIA+ .

Não demorou muito para sentirmos os efeitos da apresentação da prefeita Holitzner no evento da Lambda. O pai de Josh disse a ele que estava chateado por causa de seu envolvimento no movimento LGBTQIA+ .

Aparentemente, membros da imprensa de Gatine ligaram para o pai de Josh para perguntar qual era sua posição em relação aos direitos dos homossexuais. Alguns dias depois, um artigo no Ottawa Citizen discutiu a posição sobre os direitos dos homossexuais adotada por vários políticos eleitos de cidades próximas. Antes de seus pais partirem para umas férias de duas semanas na Flórida, Joshua deu à mãe um exemplar do livro "I've Got Something to Tell You", no qual o conceito de homossexualidade é explicado de forma simples e que são sugeridas maneiras de lidar com a questão de se assumir .

Chegou a hora de Joshua conhecer alguns dos meus amigos. Apresentei-o a Mary Pointer, que havia sido meu pilar de apoio nos meses que antecederam o nosso encontro. Mary, sagitariana como o pai de Josh, gostou dele desde o momento em que o conheceu. Na verdade, foi recíproco. A vivacidade e as opiniões francas de Mary impressionaram Josh .

Eu estava ansiosa para que Joshua conhecesse minha irmã Claire. Se ele conquistasse a aprovação dela, eu me sentiria muito melhor, pois sempre fomos muito próximas; ela é minha única irmã e, depois que minha mãe faleceu, tornou-se como uma *mãe* para mim. Um encontro havia sido planejado em Montreal; Claire esperava estar lá a negócios, mas cortes de última hora na Comissão de Serviço Público impediram seus planos de viagem. Haveria outras ocasiões, pensei comigo mesma; não me preocupar, as coisas acontecem por um motivo .

Logo após chegar em Ottawa, me interessei por tudo que fosse antigo, então, quando anunciaram uma grande feira em Kanata, perguntei a Joshua se ele gostaria de ir comigo. Ele não pareceu muito interessado em antiguidades .

"Só vai ter coisas antigas?", perguntou Josh .

"Antiguidades", respondi, "não quinquilharias. Haverá alguns móveis de alta qualidade, itens de colecionador, objetos de decoração e talvez roupas vintage."
"Por que você quer comprar coisas antigas quando pode comprar algo novo?", perguntou Josh .

"Para mim, algumas peças antigas de mobiliário, porcelana e vidro são muito mais interessantes porque foram usadas e porque seus designs são muito mais originais do que o que encontramos nas lojas hoje em dia", respondi .

'Você acha que alguém vai estar vendendo discos antigos?', perguntou Josh .

'Em todos os shows que eu vou, sempre tem pelo menos um vendedor tentando vender discos de 78, 45 e LPs antigos', comentei. ' Agora você me deixou interessado', disse Josh. 'Vamos lá!' Foi uma experiência reveladora para Joshua ver a variedade de mercadorias oferecidas por vendedores de toda Ontário e do norte do estado de Nova York. Voltamos para casa com um pedido para o dia 1º de agosto. Exemplar de 1874 da revista Harper's Weekly — A Journal of Civilization — com uma capa apresentando uma foto intitulada "A Regata Universitária", na qual sete homens bonitos, em uniforme completo, posam juntos como um time. A revista estava em perfeitas condições; havia sido guardada por um colecionador cuja origem era desconhecida para o vendedor. Joshua a viu e, esperando que eu gostasse tanto quanto ele, estava ansioso para comprá-la. Ele queria exibi-la no meu apartamento como se a tivéssemos comprado juntos para nosso deleite mútuo .

Depois de emoldurada, ganhou um lugar de destaque na nossa sala de estar. Consideramos como nossa primeira posse conjunta, um sinal de que estávamos começando a nos aproximar .

Antes de eu conhecer Josh, ele namorava Mark Lafontaine. No entanto, esse relacionamento terminou no outono de 1991, embora eles continuassem bons amigos. Eu me sentia em dívida com Mark por ter nos apresentado, embora eu tivesse pouquíssima lembrança desse evento. Mark havia conhecido Peter Gardner e, juntos, eles pareciam o casal perfeito. Decidimos convidá-los para jantar para que pudéssemos conhecer Peter. O que poderia ter sido um jantar muito tranquilo acabou se tornando um encontro agradável, com muitas risadas e histórias. Joshua e Peter se deram muito bem, sendo semelhantes em muitos aspectos. Eles compartilhavam o mesmo senso de humor peculiar. Eu estava vendo um Joshua brincalhão, cujas interações com Mark e Peter eram corteses, respeitosas e espontâneas. A essa altura, eu já o havia observado em diversas situações e, em cada uma delas, ele se mostrou um homem maduro, equilibrado e gentil. Ele era um cara legal e eu sabia disso!

# Uma surpresa de domingo à tarde

Joshua nunca se cansou de me ouvir falar sobre meus primeiros dias em Ottawa. Ele era curioso sobre meu passado, mas também estava fascinado pelo que havia acontecido nos anos anteriores ao nosso encontro. A cada encontro, eu contava um pouco mais sobre minhas provações e tribulações dos anos anteriores. Eu me preocupava que todas essas informações pudessem assustá-lo; que ele pudesse, de repente, perceber que eu tinha um passado conturbado, que eu tinha sido uma vadia. Eu teria que contar a ele sobre os muitos relacionamentos que tive antes de conhecê-lo. Alguns foram longos, outros curtos. A rejeição foi uma via de mão dupla. Fui rejeitada por mais de uma pessoa, mas também rejeitei caras que eu sentia que não poderiam ser parceiros para a vida toda. Por mais interessantes e atraentes que alguns fossem, percebi que é preciso muito mais do que apenas bom sexo e interesses em comum para fazer um relacionamento funcionar. Uma alma gêmea era o que eu procurava, embora na época eu não soubesse exatamente como defini-la .

Assim que comecei a pensar que as coisas ficariam mais fáceis por um tempo, minha vida deu uma guinada inesperada. No outono de 1977, a convite de um amigo que havia acabado de se mudar de Moncton para a capital do país, aceitei dividir um apartamento de dois quartos em Hull. Dave McConnell era o que se descreveria como um urso alto. Acima do peso, peludo e com mais de 1,80 m, seus 104 kg pareciam desproporcionais para mim, mas ele era gentil como um cordeiro; Ele não faria mal a uma mosca .

O Place Radisson tinha acabado de ser construído; o complexo incluía meia dúzia de edifícios em um grande terreno perto da via expressa. Estava praticamente vazio quando decidimos morar no 7º andar do 4 Place Radisson. A luz do sol poente inundava todos os cômodos, proporcionando um prazer adicional que eu não esperava quando assinamos o contrato de aluguel. Da nossa varanda, tínhamos vistas deslumbrantes do centro de Ottawa, incluindo o Parlamento .

Dave havia sido casado; ele se separou da esposa, embora ainda mantivessem uma ótima relação. Após a separação dos bens de forma justa, Dave ficou com mobília suficiente para se estabelecer em um novo lugar. Eu, por outro lado, não tinha nenhum móvel. Além das minhas roupas, meus livros e meu aparelho de som , meu dinheiro tinha sido usado para comprar um velho Pontiac Parisiens cor de vinho. Por apenas 500 dólares, adquiri aquela sucata que era boa o suficiente para me levar aos points gays em Hull, do outro lado do rio .

Numa tarde fria de domingo, 13 de fevereiro de 1977, Dave e eu Tínhamos decidido tirar um cochilo. O céu estava cinzento e o ar frio; o frio úmido só queria que nos enrolássemos e dormíssemos, e foi o que fizemos. Um alarme soou à distância; me acordou. Pensando que era o despertador do Dave, virei-me para voltar a dormir. Dave fez o mesmo, pensando que era o meu rádio-relógio que tinha tocado. No entanto, depois de alguns minutos, o alarme o irritou o suficiente para que ele se levantasse e me pedisse para "desligar essa droga". Foi então que ele percebeu que o barulho vinha do corredor. Ele abriu a porta do apartamento; o cheiro de fumaça era inconfundível. Tínhamos que sair dali .

"Rich, levanta! Temos que sair do prédio", disse Dave .

— O que está acontecendo? — perguntei .

— Tem fumaça nos corredores; precisamos sair daqui rápido — acrescentou Dave. — Vista-se, pegue o que precisar e vamos sair daqui o mais rápido possível .

Em segundos, estávamos prontos para partir, cada um levando algo que não queríamos perder ou algo que achávamos que precisaríamos . Segui Dave pelo corredor até a extremidade sul do prédio. À medida que descíamos a escada, a fumaça ficava mais densa: cada vez mais pessoas se aglomeravam enquanto os andares inferiores se esvaziavam. Quando chegamos ao terceiro andar, era impossível enxergar para onde estávamos indo ; as pessoas gritavam alto. Havia muitas pessoas reunidas na saída, certificando-se de que estávamos bem .

O fogo havia consumido a extremidade norte do segundo andar; as chamas saíam por uma janela no meio do corredor. Pelas conversas que tivemos, parecia que o segundo andar estava sendo usado como abrigo temporário para idosos que aguardavam a construção de um lar de saúde. Um cigarro aceso por um senhor mais velho no apartamento 207 incendiou o colchão. Um funcionário de plantão abriu a porta do apartamento, permitindo que o oxigênio alimentasse o fogo e incendiasse todo o cômodo; ele morreu instantaneamente. Eu nunca havia estado tão perto da morte; aquilo me abalou profundamente.

'O que você tirou do apartamento?' Perguntei ao Dave. Ele olhou para mim, colocou as mãos nos bolsos e tirou duas maçãs .

"Pessoas gordas precisam comer!", respondeu Dave. "Estou sempre com medo de passar fome. Comida tem prioridade na minha lista de coisas para fazer. O que você economizou?" "Minhas lentes de contato", eu disse. "Além do meu carro, essas são as coisas mais caras que eu tenho." Rimos de como éramos diferentes um do outro. Nossos valores eram diametralmente opostos; ambos éramos de New Brunswick, mas de origens muito diferentes. Nos conectamos em muitos níveis e conhecíamos muitos dos gays de Moncton. Depois da limpeza.. .

Uma vez concluída a reforma, fomos autorizados a voltar ao prédio, mas eu não me sentia seguro. O cheiro inconfundível de fumaça persistiu por semanas. E meus sentimentos de tristeza também. Eu me perguntava até que ponto estávamos seguros. Um homem havia morrido devido à negligência de um fumante. Decidi que era hora de encontrar acomodações alternativas, sabendo que essa experiência me acompanharia pelo resto da vida .

Em termos de carreira, minha primeira oportunidade surgiu em maio de 1977, quando me ofereceram um emprego para substituir um professor de segunda língua na Escola Primária Gatineau, na Rua Maple. Curiosamente, a cidade de Gatineau foi fundada pela Canadian International Paper (CIP) , a mesma empresa proprietária da fábrica de papel em Dalhousie, minha cidade natal. A escola erguida em frente aos Correios foi encomendada para atender os filhos dos trabalhadores da fábrica de papel. As residências construídas em ruas com nomes como Poplar, Birch e Cypress eram casas projetadas pela CIP, idênticas às que eu vira em Dalhousie quando criança. Essa familiaridade me fez sentir em casa nesse bairro anglo-saxão da cidade, que originalmente se chamava Gatineau Mills .

Minha mãe não me influenciou de forma alguma a seguir a carreira de professor, mas eu me sentia atraído por ela. Ela tinha paixão por ensinar e também sabia o quão difícil era e o esforço necessário para se tornar um professor experiente. As longas horas com poucas recompensas não eram para os fracos de coração. Ensinar pagava bem, mas se você se deixasse levar pelos salários acima da média, acabaria permanecendo na profissão sem realmente gostar dela .

Eu precisava do dinheiro, então aceitei o contrato de dois meses pensando que, ao final, encontraria outro emprego. Pouco antes do fim do ano letivo, o Conselho Escolar Protestante de Western Quebec perguntou sobre meu interesse em assinar um contrato de um ano. Ensinar francês como segunda língua para crianças do jardim de infância e do 1° ao 3° ano não era o emprego dos meus sonhos, mas pagaria as contas e mais um pouco; também me daria a chance de começar um período mais estável da minha vida. Gatineau se tornaria um lugar muito especial para mim. Na época, eu não fazia ideia de que um dia conheceria alguém especial daquela cidade .

O que me aguardava era um mistério. Havia tantas surpresas e acontecimentos inesperados; nevou em Miami e nas Bahamas em janeiro, a única vez na história.

Eu não tinha a menor ideia de que teria uma ligação com Miami. O filme "Os Embalos de Sábado à Noite", estrelado por John Travolta, havia estreado em Nova York .

Nova York. Ajudou a popularizar a música disco em todo o mundo. O filme mostrou a música, a dança e a subcultura que cercava a era disco: melodias orquestradas por sinfonia, coreografias graciosas, alta costura e a promiscuidade sexual pré-AIDS. A AIDS acabaria tendo um impacto enorme no mundo. Em mais 5 a 7 anos, minha vida seria consumida por essa doença terminal, algo tão grande e ameaçador que me deixou apavorado.

# Planejando para a Europa

Filmes eram um interesse em comum; qualquer bom filme era motivo suficiente para Joshua e eu sairmos juntos à noite. Na saída do cinema, depois de assistirmos a 'Green Fried Tomatoes', conversamos sobre a importância dos relacionamentos entre pessoas do mesmo sexo e a dificuldade de contar para os outros sobre isso. Baseado no livro 'Green Fried Tomatoes at the Whistle Stop Café', o filme recebeu críticas de alguns críticos por remover a perspectiva lésbica da trama do livro, mas ganhou um prêmio GLADD Media de "melhor conteúdo lésbico". "Assumir a própria sexualidade nunca é fácil", disse Josh. "Não seria bom se não precisássemos fazer isso?" — Você está insinuando que ainda tem problemas com seus pais? — perguntei .

— Não é tanto um problema de me aceitarem como homossexual, mas sim a estigmatização do que eles acham que nós dois fazemos juntos. Acho que eles veem a homossexualidade como uma perversão repugnante — disse Josh .

— Estou preocupado com o que eles pensam; no entanto, não acredito que eles tentariam impedir nosso relacionamento. Minha mãe é muito mais tolerante com a homossexualidade do que meu pai que, à sua maneira, não consegue entender como duas pessoas do mesmo sexo podem se sentir atraídas uma pela outra. Mais importante para ele é como os outros na comunidade reagirão ao saber da notícia .

'Acho que vai demorar muito até eu ser convidado para a casa dos seus pais', eu disse .

'Eu não queria te contar isso, mas meu pai disse que você nunca vai pisar na casa dele enquanto ele estiver vivo', disse Joshua, tristemente .

Mudando de assunto, conversamos sobre nossos planos para a viagem à Europa. Concordamos com todos os principais lugares que queríamos visitar, com a duração da viagem e com os requisitos mínimos de hospedagem. Decidimos que voaríamos para Amsterdã e alugaríamos um carro. Presumi que, como ambos tínhamos carteira de habilitação internacional, dividiríamos a direção .

Enxergávamos essa viagem como um teste para o nosso relacionamento. Passar 24 horas por dia, sete dias por semana juntos, poderia ser muito mais difícil do que simplesmente passar os fins de semana juntos. Será que iríamos nos irritar um com o outro? Essa odisseia de um mês certamente traria à tona quaisquer problemas que pudessem dificultar nossa convivência. Eu nunca havia dividido moradia com um parceiro; Joshua ainda morava com os pais. Havia um acordo tácito de que, se conseguíssemos fazer isso sem problemas, morar juntos certamente seria possível .

Será que alguém está realmente pronto para abrir mão de morar sozinho para arriscar dividir uma casa com um parceiro? Qualquer solteiro dirá que a gente se acomoda na própria vida .

Mudar de rotina é difícil mesmo nas melhores circunstâncias. Eu queria muito um parceiro, mas não tinha pensado bem nisso; na verdade, não havia refletido muito sobre a ideia de dividir meu apartamento. Ele refletia quem eu era; eu o decorei ao meu gosto e exibi minhas coleções de vidro e porcelana. Meu gosto para móveis era bastante eclético e incluía antiguidades e peças ultramodernas misturadas para criar um visual sofisticado. Meus cursos de design de interiores foram muito úteis; eu havia desenvolvido um estilo de decoração que meus amigos chamavam de "shabby chic". Com um orçamento limitado e poucos recursos, tive que aproveitar ao máximo o que podia pagar. Com um olhar apurado para bom design e ótimas pechinchas, adquiri uma mistura eclética de móveis e acessórios que se tornaram minha paleta para criar interiores deslumbrantes. Eu me desafiava a redecorar a sala de estar a cada 4-6 meses, ou sempre que adquiria uma peça nova que precisava ser incluída no ambiente. Mesmo que Joshua gostasse do apartamento, será que ele se sentiria confortável no ambiente de outra pessoa? Eu estava preocupada que ele não se sentisse em casa; também estava apreensiva em fazer mudanças significativas para acomodar seus gostos .

O medo do desconhecido sempre me incomodou; eu nunca me sentia confortável sem saber como as coisas iriam se desenrolar. Preocupação era meu sobrenome. A dificuldade em enxergar claramente a estrada provavelmente foi a causa dos meus episódios de uveíte — inflamação da úvea, associada à minha artrite (espondilite anquilosante — inflamação da coluna). Tive meu segundo ataque grave em fevereiro de 1992. Não tão severo quanto o primeiro, ainda assim me deixou incapacitado por alguns dias. Pensando inicialmente que era conjuntivite, demorei a procurar ajuda. As visitas à Clínica Oftalmológica do Hospital Geral de Ottawa tornaram-se frequentes, enquanto eu tentava reduzir a inflamação com colírios de esteroides, que precisavam ser monitorados de perto por oftalmologistas. Uma vez controlada a inflamação, a dosagem do colírio podia ser reduzida muito lentamente para que a inflamação não retornasse. Eu me perguntava se Joshua se incomodaria com meus inúmeros problemas de saúde .

Nossa paixão compartilhada era ir a lojas de móveis. Josh tem bom gosto para móveis modernos e elegantes. Antiguidades, portanto, não são a sua praia . Eu vinha pensando em comprar um armário de curiosidades para exibir minha coleção de cristais da era da Repressão. Um padrão art déco chamado "Manhattan" havia me chamado a atenção alguns anos antes e agora eu tinha uma coleção enorme que precisava ser exibida adequadamente. Encontramos um enorme armário art déco italiano que era perfeito (com exceção do preço salgado). Considere vender o meu Para ajudar a cobrir os custos, comprei um whippet de bronze. No final, fiquei com o bronze e comprei a peça de decoração a crédito. Não consegui me separar do meu cachorro , Boo .

Quando a peça foi entregue, Joshua me ajudou a decidir o melhor lugar para ela na sala de estar. Como sempre, isso significou mudar os móveis de lugar; essa nova peça teve um grande impacto. No fim, movemos móveis em quatro cômodos diferentes para que tudo se encaixasse. Foi então que percebi que Joshua era muito criativo em ter boas ideias de design. O mais interessante foi que estávamos fazendo esse trabalho como se já morássemos juntos .

Essa tarefa serviu para nos mostrar que éramos capazes de trabalhar bem juntos, respeitando as ideias um do outro. Foi um bom presságio .

Recebi notícias de que Geoffrey estava em Montreal para uma consulta; ele estava tão bem quanto se poderia esperar dadas as circunstâncias. Seus medicamentos tiveram o efeito desejado de lhe dar aqueles anos extras que ele não teria tido se tivesse escolhido o caminho da menor resistência .

Geoffrey era um lutador; ele nunca desistiria facilmente. Essa característica não era óbvia quando morávamos em casa quando crianças. No entanto, ele demonstrou muitas vezes sua resiliência diante de dificuldades indescritíveis. Senti um orgulho imenso dele, de uma forma que jamais imaginei. Uma sensação de paz e serenidade me invadiu .

A tranquilidade deu lugar à apreensão quando Joshua planejou um encontro com sua irmã Louisa e seu colega de trabalho, Andrew. Minha reação inicial ao almoço proposto rapidamente se transformou em medo; Louisa certamente relataria suas observações. Os pais de Josh descobririam sobre mim indiretamente. Era pelo menos um passo na direção certa, independentemente dos meus sentimentos. Esse encontro aconteceu poucos dias antes de os pais de Josh voltarem à cidade para uma curta estadia, já que o pai de Josh havia feito uma viagem de negócios inesperada à Ásia.

# Um Novo Amanhecer
## — Recordando Gary e Gerry

Finalmente, tudo estava se encaixando perfeitamente. Um salário regular me proporcionava inúmeras oportunidades. Em outubro de 1978, comprei um Dodge Arrow amarelo-canário. Com câmbio manual e um elegante interior preto, esse carro chamava a atenção por onde passava. Eu fazia o trajeto de Hull até a Escola Primária Gatineau, uma curta viagem de 25 a 30 minutos, dependendo do trânsito. Ter um veículo novo e confiável era um luxo pelo qual eu havia conquistado anos .

O colega de quarto de Gerry se mudou e fui convidado a ocupar seu lugar em um apartamento térreo de dois quartos em um pequeno prédio em Sandy Hill, perto do campus da Universidade de Ottawa. Era meu sonho morar bem no centro da cidade. Quando Gerry fez a oferta, não demorei a tomar a decisão de deixar o apartamento que dividia com David no Place Radisson. Todos os meus pertences cabiam no banco de trás do carro, com exceção do estrado e do colchão que eu havia adquirido desde que cheguei à capital do país. Graças à gentileza de um amigo de Gerry, que tinha uma caminhonete pequena, consegui transportar tudo de uma só vez, com o estrado e o colchão por cima da pilha de caixas embaixo. Numa quinta-feira chuvosa à noite , pegamos a via expressa que levava ao centro de Ottawa pela Ponte Macdonald-Cartier. A caminhonete estava logo atrás de mim enquanto eu dirigia meu Dodge Arrow. Dirigindo perigosamente devagar para que o conteúdo do caminhão não se movesse, contornávamos a curva de quase 90 graus atrás do 'Les Galerie' de Hull' quando, de repente, uma rajada de vento atingiu o estrado da cama. Pelo meu retrovisor, vi-o voar pelos ares e cair na vala cheia d'água. Paramos para ver se conseguíamos recuperá-lo. Impossível! Eu podia viver sem o estrado; o colchão era mais importante .

'Você não tem ideia do que aconteceu no caminho', eu disse. 'Acabei de poluir o meio ambiente em Hull; meu estrado agora está em um bueiro ao longo da Rodovia 5.' 'Você pode ter sorte', disse Gerry com um largo sorriso. 'Alguém acabou de se mudar e deixou um colchão e um estrado na sala de lixo lá embaixo. Vamos dar uma olhada.' 'Se eu tivesse perdido o colchão, seria diferente', eu disse. 'Mas um estrado é outra história. Se estiver relativamente limpo, eu engulo meu orgulho.' 'Dê uma olhada', disse Gerry. 'Está quase como novo. Seu colchão vai cobrir direitinho.' 'Serve por enquanto', eu disse. 'Se ficar desconfortável, eu compro um novo.' Para alguém que eu conhecia há apenas alguns anos, Gerry se mostrou uma pessoa atenciosa e sensível, o tipo de cara que qualquer um gostaria de ter .

Gerry era um amigo querido. Alegre, prestativo e discreto, ele era extrovertido como ninguém que eu conhecia. Sempre havia gente entrando e saindo do nosso apartamento. Ele havia construído um enorme círculo de amigos desde que chegou a Ottawa em 1975, um ano antes de mim .

Generoso ao extremo, Gerry adorava entreter; o humor era essencial em tudo o que fazia e em todos os lugares que frequentava. Se não pudesse se divertir, não havia motivo para tentar .

Através de Gerry, fiz muitos amigos e conhecidos. Éramos convidados para festas com frequência. Por sua vez, apresentei Gerry a Norman. Eles se deram muito bem. Nós três nos reuníamos, fumávamos um baseado e assistíamos *a Mary Hartman*, uma paródia de telenovela americana. O título do programa era o nome da personagem homônima, repetido duas vezes, porque Louise Lear, a estrela da série, e os roteiristas acreditavam que tudo o que era dito em uma telenovela era dito duas vezes. Era um humor maluco, do tipo que se apreciava melhor sob o efeito de qualquer estimulante que conseguíssemos encontrar. Um pacote de Oreo era indispensável, principalmente se tivéssemos fumado maconha, pois nos dava muita larica .

Por um desafio de um colega da Escola Primária Gatineau , dirigi até Syracuse, Nova York, para um longo fim de semana. Eu estava me sentindo para baixo; estava ficando desesperada para encontrar o homem dos meus sonhos. Talvez o homem de Marlborough morasse em Syracuse ou arredores; a única maneira de descobrir era fazer a curta viagem de quatro horas ao sul de Ottawa. Parti logo após o trabalho na sexta-feira à tarde, chegando ao centro do estado de Nova York pouco antes das 20h. Não demorei muito para encontrar o barzinho alegre na South Warren Street, onde era fácil conhecer os moradores locais que tinham acabado de sair do trabalho. Parei no balcão e pedi uma cerveja. Sem saber o que havia na torneira, perguntei ao barman quais eram as opções. Isso me entregou; era óbvio que eu era de fora da cidade, o que me rendeu muita atenção .

Notei três rapazes parados no bar, não muito longe de onde eu estava. Eram todos um pouco mais velhos do que eu; achei-os atraentes e interessantes de observar. Estavam ali para se divertir; riam e se cutucavam a cada oportunidade. Um deles, um tipo urso barbudo e um pouco rechonchudo, tinha um sorriso largo e caloroso. Achei-o particularmente interessante e percebi que havia chamado sua atenção .

Em meia hora, eu já fazia parte do círculo íntimo deles e estava ao lado de Gary Armstrong, um executivo de seguros, uma pessoa gentil e amável, não tão máscula quanto seu homônimo. Os outros dois rapazes do trio eram um casal; eu tinha feito a escolha certa .

Gary e eu passamos o resto do fim de semana juntos em seu apartamento, que ele dividia com um colega de quarto e ex-parceiro .

Os outros dois eram os proprietários e moravam no primeiro andar de uma casa antiga bem conservada, não muito longe da Universidade de Syracuse. Gary e seu ex-marido, John, haviam decorado seu apartamento de dois quartos em um estilo e usando cores que poderiam ser descritas como masculinas. Usando uma combinação de marrom chocolate, bege e ferrugem, o esquema de cores fluía lindamente de um cômodo para o outro. Rica em detalhes, com móveis de alta qualidade posicionados para causar o maior impacto, esses caras conseguiram transformar um apartamento comum em uma obra de arte. Eu me sentia muito confortável nesta casa linda e impecavelmente limpa .

Não tinha ilusões sobre a possibilidade de um relacionamento duradouro com um estrangeiro. Não tinha nenhum desejo de me mudar para os EUA e Gary certamente não iria morar mais ao norte de Syracuse. Na verdade, o sonho dele era se mudar para a Flórida; ele odiava o inverno. Eu o acompanhei nessa jornada, por mais curta ou longa que fosse .

De volta a Ottawa, Gerry não tinha pressa em me fazer desocupar o quarto que eu alugava dele. Ele entendia que eu queria meu próprio espaço para poder decorá-lo de acordo com meus desejos e gostos. Então, quando encontrei uma ótima oportunidade que não pude recusar, ele não ficou muito chateado. Foi uma sorte eu ter sido o primeiro a ver este apartamento de um quarto na esquina das ruas Chapel e Somerset. Por US$ 182 por mês, incluindo estacionamento, era a pechincha do século .

O apartamento, parecido com um trailer, precisava de muito carinho e atenção para se tornar um lar, mas com habilidades e conhecimento de decoração, me convenci de que este lugar era um diamante bruto. Com acesso a um porão um tanto assustador, onde me permitiram ter uma máquina de lavar, a unidade ocupava toda a extensão do prédio, de forma que todos os cômodos tinham janela, inclusive o banheiro .

Este apartamento voltado para o sul tinha uma divisão peculiar. Ao entrar, o hall era grande o suficiente para acomodar minha grande mesa de jantar com tampo de vidro. À esquerda, havia um quarto pequeno. Descendo o corredor, passando pelo hall, ficava a sala de estar, que dava para a cozinha americana com uma área para refeições perto da janela. O acesso ao banheiro era pela cozinha, que provavelmente havia sido adicionada muito tempo depois da construção original, muito provavelmente quando o prédio foi reformado para apartamentos .

Tomei posse do apartamento em 22 de dezembro e , logo após a mudança, dirigi novamente para Syracuse para passar o Natal com Gary. Até as festas de fim de ano, Gary não tinha.. .

Ele compartilhou seus sentimentos por mim. Era uma pessoa difícil de decifrar; não vi motivo para forçar a situação, pois era evidente que um relacionamento à distância seria difícil, senão impossível, de sustentar por um longo período. *Nunca desistir* era meu lema; ele era o melhor até então e eu não ia terminar com ele só porque o futuro era incerto .

Na manhã de Natal, durante a troca de presentes, o foco estava em mim. Abri vários presentes; Gary sabia que eu estava me mudando para meu primeiro apartamento e que precisava de utensílios de cozinha. Cozinheiro gourmet autodidata, Gary havia saído e comprado vários itens funcionais para a cozinha, o que eu apreciei muito. Fiquei impressionada com sua generosidade; Senti o amor dele de uma forma que nunca havia sentido antes. Quando pensei que tínhamos terminado de abrir os presentes, Gary foi até o quarto buscar outra caixa bem embrulhada, cujo conteúdo me deixaria boquiaberta. Leve e impossível de adivinhar o que continha, desembrulhei aquela oferta misteriosa. Por que ele a havia guardado para ser aberta por último? A caixa estava tão lindamente embrulhada que fiz o possível para não rasgar o papel de embrulho e para guardar com carinho aquele presente especial: um lenço de tweed forrado com seda marrom .

"Gostou?", perguntou Gary .

"É realmente lindo", respondi. "Você que fez?" "Sim, eu fiz", acrescentou Gary. 'No entanto, o casaco que combina com ele ainda não está pronto. Eu esperava tê-lo terminado até agora, mas vai levar mais alguns meses.' 'Como você sabia o tamanho certo para o casaco?', perguntei .

'Lembra quando você pegou a jaqueta do John emprestada quando esteve aqui em novembro?', disse Gary. 'Consegui descobrir o seu tamanho com base naquele casaco. Escolhi tweed marrom, já que você usa muito essa cor.' 'Não sei o que dizer', respondi. 'Nunca recebi um presente tão generoso. Muito obrigada!' A viagem de volta para Ottawa passou num instante. Fiquei pensando em Gary; em suas habilidades de costura, em seu talento para decoração e em sua gentileza comigo. Seria difícil retribuir, pois não tinha os meios financeiros para isso. Eu me sentia em desvantagem por causa da minha idade e da minha modesta renda. Ele certamente iria se mudar para a Flórida eventualmente; eu ficaria para trás. Gary jamais seria esquecido; poucas pessoas foram tão bondosas.

# Um vislumbre dos sogros

Sempre acreditei que as coisas acontecem por um motivo; quando acontecem de forma inesperada ou planejada, as pequenas surpresas da vida ocorrem para nos permitir seguir em frente de alguma forma. O que pode parecer um revés pode, na verdade, ser favorável, independentemente de como nos sentimos no momento em que aconteceu. A chave é reconhecer as lições que podem ser aprendidas e, então, seguir em frente .

Com o passar das semanas, nosso nível de conforto um com o outro aumentou significativamente. Para nos divertirmos, Joshua e eu fomos ao cinema, assistimos a shows, vimos peças de teatro ou caminhamos pelo bairro. Josh parecia completamente à vontade comigo, mesmo quando pensávamos que poderíamos ser vistos pela imprensa. Se ele próprio fosse um funcionário eleito , eu teria entendido a ansiedade; no entanto, ser filho gay de um político local altamente respeitado não deveria ser uma preocupação tão grande. Ninguém queria ser exposto, muito menos o próprio Joshua. Conclui que seus medos eram fundamentados se ele pensava que seu pai seria discreto se fosse revelado que seu filho era gay. Como alguém poderia acreditar que ter um filho gay diminuiria as credenciais ou o valor de um funcionário eleito ou de um pai? Além de ser um funcionário eleito na cidade de Gatineau, o pai de Josh possuía vários negócios nos quais todos os membros da família estiveram envolvidos em algum momento. André, colega e amigo próximo de Josh, foi contratado para os negócios da família logo após se formar na faculdade. Com o tempo, Joshua conheceu todos os irmãos de André, incluindo suas quatro irmãs. Monica, que trabalhava para o Governo Federal Canadense , apresentou Joshua a Henry, sabendo que o interesse deles por música levaria a uma amizade duradoura. Se não fosse por Henry, duvido que Joshua teria vindo à minha festa de Natal por conta própria .

Leesa, outra irmã de André, estava encantada com Josh e o convidou para ir à "La Maison du Citién" (Câmara Municipal) para vê-la em uma peça escrita e produzida por um dramaturgo local. Ela insistiu para que eu também fosse. Não me surpreendeu que, no intervalo, eu fosse apresentada a Monica, Paula e Leesa, todas curiosas para saber quem eu era. A multidão se reunira no saguão enquanto outro evento acontecia no segundo andar. Joshua olhou para cima e, para sua surpresa, viu seus pais. Ele não fazia ideia de que eles estariam lá; ele havia sido pego de surpresa .

Segundos depois, os pais de Josh estavam caminhando em nossa direção. Ele cumprimentou primeiro a mãe, depois o pai, e em vez de me apresentar a eles, congelou. Percebendo seu desconforto, sua mãe estendeu a mão e se apresentou a mim. Fiquei deslumbrada .

Sua beleza e seu sorriso incrível. Ela queria me cumprimentar e dizer "olá", o que fez da maneira mais elegante. Não demorou muito para ela perceber quem eu era ao lado do filho dela, porém o pai de Josh não reconheceu minha presença. Eles sumiram num instante, voltando para a recepção no mezanino .

Esse primeiro vislumbre dos pais de Josh me disse muito sobre ele. Ele herdara o charme, a elegância e a graça da mãe; sua boa aparência vinha dos pais. Seu pai, um homem alto de cabelos brancos, ombros largos e sorriso contagiante, era um ímã para as mulheres onde quer que fosse. Não havia nada de ostentoso neles; eram pessoas simples, mas de muita classe. Tinham trabalhado arduamente para acumular uma considerável riqueza pessoal e sabiam que não deviam exibi-la .

Quando voltamos ao apartamento, senti que Joshua estava começando a se acalmar. Conversamos sobre o ocorrido de forma aberta e honesta. Não pude esconder que fiquei um pouco decepcionada por não ter sido apresentada ao pai dele, mas não fiquei chateada. Esse contratempo tinha o potencial de atrapalhar nossos planos de morar juntos. Joshua vivia pela força e firmeza de suas convicções e, embora elas tivessem vacilado naquela ocasião, era certo que ele conseguiria superar sua hesitação .

Como diz o ditado, "quando a situação fica difícil, os fortes seguem em frente", Joshua recorreu a Henry em busca de sábios conselhos. Foi a música que os uniu. Em tempos difíceis, as palavras de sabedoria de Henry eram reconfortantes e exatamente o que Josh precisava ouvir. Eles conversaram por horas. Invariavelmente, a conversa sempre voltava para a música. Como ávidos colecionadores, Henry se concentrava em todos os gêneros, enquanto Joshua colecionava disco, jazz e R&B. Suas conversas geralmente incluíam notícias sobre a música disco. A Rainha da Disco, Donna Summer, como era conhecida na década de 1970, havia sido recentemente homenageada com sua própria estrela na Calçada da Fama de Hollywood. Foi uma conquista para o artista, uma homenagem à música disco e uma declaração implícita sobre o poder do apoio da comunidade gay a Donna Summer. Giorgio Moroder tinha feito maravilhas com a Rainha da Disco! Os rumores sobre a separação de Quebec aumentaram; nos perguntávamos como lidaríamos com isso se acontecesse. Joshua não estava disposto a romper seus laços com a província de Quebec e eu não tinha nenhum desejo de voltar a morar lá permanentemente. Quando me mudei para Ontário em 1977, estava determinado a nunca mais voltar, embora possuir uma propriedade recreativa à beira de um lago não estivesse descartado. Não era uma questão cultural que me impedia, era médica. Para obter um bom médico Atenção, muitos do lado oeste do rio Quebec vieram para Ottawa .

Só isso já foi suficiente para me convencer de que, a longo prazo, seria melhor morar em Ontário, onde eu teria acesso ao melhor atendimento médico do país .

Durante os períodos de mau tempo, alugávamos filmes e ficávamos em casa. Curioso para saber o que havia feito Joshua derramar algumas lágrimas enquanto assistia a 'Peggy Sue Got Married', assistimos ao filme uma noite e discutimos seu significado. Ele explicou que o filme trouxe lembranças de sua infância; lembrou-o dos sonhos não realizados de seu avô, que já havia falecido. Sua paixão pela música dos anos 60 e 70, que é fundamental para a trilha sonora, gerou muitas emoções enquanto ele assistia às cenas se desenrolarem. Romântico de coração com um toque de nostalgia, Joshua se abria para mim a cada passo do caminho. Nada nele me preocupava; ele era um cara decente, divertido, apegado à família e que adorava pregar peças. Era a criança dentro dele se manifestando da maneira mais intrigante. Ele se considerava um enigma e me disse que eu continuaria descobrindo coisas novas sobre ele todos os dias. Não haveria um momento sequer de tédio .

Em dias melhores, saíamos da cidade para visitar as pequenas cidades, vilas e aldeias em busca de "Vidros da Depressão" ou daquele raro disco de música enterrado entre LPs sem valor em caixas guardadas em celeiros e lojas de antiguidades ao longo do caminho. Uma de nossas paradas favoritas era a Feira de Pulgas de Stittsville, nos arredores de Ottawa, a vinte minutos de carro do centro da cidade. Havia cerca de meia dúzia de prédios, cada um com 30 a 40 vendedores. Em dias ensolarados e quentes, outros 100 a 125 vendedores ambulantes chegavam cedo aos domingos para exibir seus produtos em vitrines improvisadas, mesas ou no porta-malas de seus carros. Pela taxa de estacionamento de US$ 1,50, nos divertíamos por algumas horas. Quanto mais cedo você chegasse lá, maiores seriam suas chances de sair com uma raridade a um bom preço, principalmente se você tivesse a sorte de comprá-la de um dos vendedores ambulantes que trabalhavam do lado de fora .

A conversa sobre morarmos juntos continuou o tempo todo. Joshua concordou que meu apartamento poderia se tornar "nosso" apartamento se ele pudesse trazer algumas de suas coisas. Conversamos sobre transformar o segundo quarto em uma sala onde a coleção de música de Josh pudesse ser guardada. Houve uma sugestão de que talvez fosse prudente encontrarmos um novo lugar, um com o qual ambos concordássemos, mas que, enquanto isso, o apartamento de 250.. .

O apartamento O'Connor serviria perfeitamente. Eu não tinha pressa nenhuma de deixar o que considerava um prédio excepcional. Como o controle de aluguéis havia limitado os aumentos anuais, nossos custos mensais estavam abaixo da média do mercado; ir para outro lugar provavelmente significaria pagar muito mais por acomodações semelhantes.

# Meu primeiro amor, Jean

Um novo capítulo da minha vida começou quando conheci Jean Bélair no Sacs, uma discoteca popular em Hull. Norman insistiu para que eu o acompanhasse a este local badalado para uma noite de boa música e observação de pessoas. A febre disco estava no auge em abril de 1978. Conforme a noite avançava, o volume aumentava, tornando tentador juntar-me à multidão de homens bonitos na pista de dança. Meu corpo balançava ao ritmo da música quando um homem mais velho, mas muito atraente, me convidou para dançar. Nenhuma palavra foi trocada; ele simplesmente estendeu a mão e apontou para a pista de dança. Eu o segui até o centro da multidão como se quisesse me esconder de olhares curiosos. Dançamos sem parar por quase vinte minutos; O DJ habilmente encadeou as músicas em um medley interminável, sem nenhuma pausa clara que facilitasse dizer "obrigado" e sair da pista. Quando sinalizei que precisava de uma pausa, fomos para o fundo da boate, onde pudemos nos ouvir enquanto nos apresentávamos e trocávamos cumprimentos .

Sem que eu soubesse na época, Sacs tinha uma reputação considerável: em parte devido ao fato de um dos membros do Village People ter estado lá após uma apresentação na noite de domingo em Ottawa .

Vestido a caráter, ele entrou na boate pela "Rue du Portage" e cumprimentou seus muitos fãs, que ficaram surpresos ao vê-lo sem uma escolta completa. Ele sentou-se a uma mesa que havia sido reservada para ele .

"Ouvi dizer que este lugar era tão badalado que atraiu muitos gays", disse Josh .

"Você tem razão", eu disse. "Às vezes, era difícil saber se a pessoa que você estava olhando era gay ou hétero. Se um homem não olhasse para você, você ainda não tinha certeza se era falta de interesse ou se ele estava procurando uma mulher. Para aumentar a confusão, alguns caras paqueravam outros caras e, mais tarde, demonstravam interesse por mulheres." "Jean estava se envolvendo com os dois?", perguntou Josh .

"Não, eu não acho", eu disse. "Naquela noite, ele definitivamente queria saber mais sobre mim." "O que você descobriu sobre ele naquela primeira noite?", perguntou Josh .

O Sacs não era uma boate muito grande e, para escapar do barulho, você realmente tinha que se mover para as paredes externas, o mais longe possível das caixas de som gigantescas, e mesmo lá era difícil conversar . Eu esperava que ele fizesse a pergunta mais usada por pessoas que se conheciam em bares na época: "Você vem aqui sempre?". Se você respondesse "sim", parecia ser um pouco tranquilo; se respondesse "não", provavelmente a outra pessoa perguntaria: "onde você vem aqui?" .

"Você vai quando sai?" Fiquei surpreso quando Jean evitou a conversa fiada grosseira e foi direto ao ponto, apresentando-se. Finalmente, alguém com classe, pensei comigo mesmo .

Jean não revelou sua idade, mas eu percebi que ele era mais velho do que eu; quanto mais velho, eu não saberia dizer e, na verdade, não me importava. Com a mesma altura que eu, ele estava bem vestido, num estilo conservador, porém clássico. Seus cabelos grisalhos estavam bem cuidados e tudo nele era impecável. Pesando aproximadamente 66 kg, seu corpo de 1,73 m era bem proporcionado. Uma característica marcante eram as marcas deixadas pela acne que sofrera anos atrás. Ele fez o possível para escondê-los; isso não diminuiu em nada seus traços faciais, que eram melhores do que a média. Mesmo antes de conversarmos, eu já tinha a impressão de que ele era um homem inteligente. Meu palpite se provou correto .

Seems

Saímos do bar juntos naquela noite e ele foi para seu apartamento em uma área nobre da cidade, uma que eu ainda não conhecia. Ao entrar em sua casa, fiquei boquiaberto; ele percebeu a minha surpresa e admitiu ser designer de interiores e trabalhar para o Governo Federal. Rapidamente percebi que Jean era a pessoa que eu sempre quis ser. Eu tinha esperança de me tornar uma designer de interiores, de me estabelecer bem e de morar em um apartamento de luxo. Jean tinha tudo isso; ele viajava pelo mundo trabalhando na reforma de embaixadas e chancelarias em lugares distantes, cujos nomes eram muito estranhos para mim na época. Eu frequentemente confundia Jeddah com Jacarta, embora elas estejam a milhares de quilômetros de distância .

Quando Jean estava fora, o que acontecia com frequência, eu ia ao apartamento dele para regar as plantas e admirar os interiores deslumbrantes que ele havia criado. Dias antes de ele voltar para Ottawa, eu limpava o apartamento dele para que pudéssemos passar mais tempo juntos. Antes mesmo de ele entrar na cozinha, eu já havia abastecido a geladeira com o necessário, evitando que ele precisasse sair para comprar os itens que precisaríamos para preparar o café da manhã no dia seguinte .

Sempre havia um presente para mim escondido na bagagem de Jean; ele comprava diligentemente lembrancinhas artesanais dos países que visitava. Na maioria das viagens, ele aumentava sua coleção de corujas, que era exibida com bom gosto em todos os cômodos de seu aconchegante apartamento de dois quartos .

Doze anos mais velho que eu, Jean era muito mais sábio do que eu, e sua coleção de corujas servia como um lembrete permanente de que não estávamos em pé de igualdade. A diferença de idade não parecia incomodá-lo e, a princípio, eu também não me importei, embora pudesse perceber que alguns de seus amigos achavam que ele havia roubado o berço .

'Você tem interesse em se juntar a nós em Provincetown no outono?', perguntou Jean .

'Onde fica Provincetown e quem estará lá?', respondi .

'Provincetown é uma antiga vila de pescadores portuguesa na ponta do Cabo Cod; tornou-se um ponto de encontro para homossexuais após a Segunda Guerra Mundial. Como os homens gays queriam se afastar dos holofotes, esta vila idílica e isolada, com suas dunas de areia, tornou-se o lugar perfeito para se reunir. Nos últimos trinta anos, cresceu exponencialmente e agora é um dos principais destinos gays da América. Meus amigos e eu nos encontramos lá todos os anos no Dia do Trabalho.' Alguns ficam de 3 a 4 dias, enquanto outros passam a semana, já que a baixa temporada começa depois que as multidões vão embora na segunda-feira do feriado prolongado. ' E quanto à hospedagem?', perguntei .

'Todos nós, canadenses, alugamos todos os apartamentos da Tillie na Rua Bradford', disse Jean. 'Não é nada luxuoso, mas a localização é perfeita e o preço é ótimo. Ela aluga dois apartamentos ao lado da casa dela e quatro do outro lado da rua, ao lado da oficina de ferro forjado do marido. Cada apartamento tem cozinha e banheiro completos; a maioria das refeições é feita no pátio, ao ar livre, e compartilhada com o grupo.' 'Quanto tempo levaremos para chegar lá?', perguntei .

'Gosto de sair de madrugada para chegarmos a Hyannis antes do final da tarde', disse Jean. 'É muito mais barato comprar comida lá do que em Provincetown.' 'Provincetown?', repeti as últimas palavras de Jean .

'Sim, é assim que a maioria das pessoas se refere a Provincetown', respondeu Jean .

'Você vai gostar muito deste lugar. É tranquilo; todo mundo está lá para se divertir. Há muitos restaurantes, galerias de arte interessantes e lojas, sem falar dos bonitões que perambulam pelas ruas e dunas.' Todos os dias, arrumávamos as malas para um dia na praia e voltávamos para o quarto a tempo de nos lavar e nos vestir para ir ao baile no Boatslip .

'Eles servem chá no Boatslip?', perguntei .

'Quase', disse Jean com um largo sorriso. 'Um baile é apenas um nome para uma festa no final da tarde, onde são servidas cervejas e coquetéis e onde as pessoas dançam na pista. Elas ficam circulando pela área da piscina, o que é muito divertido de observar.' Nas semanas que antecederam a viagem para Provincetown, Jean me ajudou a decidir o que levar na mala. O que eu usaria em um baile? Camisas polo de cores vibrantes estavam na moda; eu usaria shorts off-white e Camisas polo listradas horizontalmente. Meu medo era de me destacar negativamente; eu queria me misturar para que as pessoas não prestassem muita atenção em mim. Quando finalmente chegamos lá e eu vi os homens bonitos com corpos sarados e bronzeados, soube que não precisava me preocupar com ninguém me encarando. Havia tantos homens interessantes e bonitos que eu certamente passaria despercebida .

Visitar Provincetown no auge da temporada turística é como estar em uma loja de doces. A variedade de pessoas era incrível: todas as idades, todos os tipos de corpo, todas as cores, todas as nacionalidades e todos vestidos impecavelmente .

Race Point Beach era o lugar para estar a partir das 10h da manhã. Ali, casais e grupos se reuniam em torno de cobertores e toalhas de praia dispostas em um padrão semelhante a uma colcha. Para cada dois ou três, havia um cooler cheio de vinho, cerveja e comida. Alguns homens liam livros enquanto outros jogavam frisbee ou nadavam na Baía de Cape Cod. Considerada uma das melhores dos Estados Unidos, a Praia de Race Point atendia a um público diversificado. Aqueles que chegavam de carro geralmente ficavam a menos de 500 metros do estacionamento. O público lésbico costumava ir um pouco mais adiante na praia, criando seu próprio espaço. Os homens gays iam até o final da praia, a área de nudismo. Nem todos estavam nus; muitos desfilavam em trajes de banho sensuais. Era quase como assistir a um desfile de moda ver os rapazes desfilando pela praia, parando aqui e ali para conversar com amigos ou pessoas que tinham conhecido recentemente nos bares da cidade, ou com quem tinham dormido na noite anterior! Por volta das 15h, os banhistas começavam a se preparar para a caminhada de volta à cidade pelas dunas de areia. Alguns paravam nos arbustos no caminho de volta. Sexo em público era tolerado, desde que os homens se certificassem de não serem vistos .

De volta à cidade, era hora de se arrumar para os drinques no Boatslip. O medidor de água quente de todos os hotéis e pousadas certamente atingiu o ponto mais alto entre 16h e 17h, enquanto a multidão se arrumava a tempo para o baile. Caminhando pela Commercial Street em ambas as direções, homens de todos os tipos se dirigiam para o evento social mais importante do dia em Provincetown, no Boatslip. Vestidos com suas melhores e mais sensuais roupas, eles ofereciam um verdadeiro desfile para aqueles sentados em cadeiras de praia em frente aos muitos estabelecimentos ao longo da rua principal (perdoem o trocadilho!) .

A Commercial Street, a principal via de Provincetown, segue para leste.. .

A oeste, a vila tinha duas ruas paralelas: Commercial e Bradford. Restaurantes, bares, galerias, lojas, hotéis, pousadas e B&Bs alinhavam-se nessas ruas, desde a extremidade oeste, na ponta da península, até a extremidade leste, perto de North Truro. Assim que o baile do chá terminava, de 500 a 600 homens desfilavam pelas ruas. Era hora da refeição e nunca era difícil encontrar um bom restaurante, pois sempre havia um novo abrindo com grande pompa .

Quase todos os estabelecimentos ficavam abertos até tarde todas as noites. Um passeio pós-jantar era essencial para ver e ser visto. Entramos em todas as lojas de antiguidades e curiosidades para conferir as novidades. Inúmeras galerias de arte ofereciam uma variedade tão fascinante de obras que era difícil sair sem comprar nada. Livrarias e lojas de roupas, embora em menor número, tinham itens que certamente agradariam aos homens gays. Se dinheiro não fosse problema, eu poderia ter gasto uma fortuna todos os dias .

No final da semana, a festa acabou. Era hora de voltar à realidade. Eu estava começando meu segundo ano lecionando na Escola Primária Gatineau. Eu estava ansioso para ver aqueles rostos novos e interessantes .

O tempo estava passando e as coisas estavam mudando. Como um sinal dos tempos, a produção do Volkswagen Fusca foi interrompida após quase 30 anos e 20 milhões de veículos produzidos. O Fusca tinha sido o veículo onipresente da minha época, um carro que eu desejava ter. Construído para o povo comum, era acessível e barato de manter, um veículo que um dia eu gostaria de comprar, mas nunca comprei. Para mim, isso significou o fim de um grande símbolo daquele período, mas a vida continuou . Ter Jean por perto tornou a vida suportável. Eu era grato pelo pilar de apoio que ele era para mim, embora eu não admitisse isso na época .

De volta ao seu apartamento em Ride au Terrace, passamos muitas noites em frente à lareira ouvindo Jane Oliver. Sua voz suave era o antídoto perfeito para os horrores que o mundo testemunhava na época. O líder da seita, Jim Jones, havia instruído mais de 900 membros de sua igreja, "Templo do Povo", a cometer suicídio na Guiana. O mundo havia enlouquecido? Nós nos confortávamos mutuamente; nosso relacionamento nos dava o que precisávamos para seguir em frente diante dos eventos mundiais que pareciam ir de tristes a desastrosos.

# Dois casamentos e uma morte

Naqueles primeiros dias do nosso relacionamento, Joshua e eu nos divertíamos juntos sempre que possível. Era uma boa maneira de conhecer os amigos um do outro. Um dos nossos primeiros jantares foi organizado para que eu conhecesse Louisa, sua irmã, e seu noivo, Sérgio. Planejamos cuidadosamente a refeição e o tema. A primavera estava chegando. Isso nos inspirou a montar um arranjo de narcisos sobre uma toalha de mesa preta com guardanapos e velas amarelas. Deslumbrante, pensei comigo mesma. Optamos por Ossobuco como prato principal , embora eu estivesse preparando essa receita pela primeira vez. Teria sido mais fácil cozinhar uma receita consagrada pelo tempo do que tentar algo novo, especialmente ao receber pessoas em casa pela primeira vez. Sem me deixar intimidar pela enormidade da tarefa, meu objetivo era causar uma ótima primeira impressão, supondo que os detalhes da noite seriam relatados aos pais de Josh. Joshua me orientou, pois já tinha visto sua mãe preparar tudo muitas vezes antes. Aspargos envoltos em salmão defumado como entrada e cheesecake como sobremesa foram aprovados por Josh. Para minha surpresa, a comida favorita de Louisa era salmão defumado. Eu estava receosa de que a carne estivesse dura ou o molho muito picante; Nem preciso dizer que foi um enorme sucesso e não sobrou nada .

Tal mãe, tal filha, pensei comigo mesma. Louisa era muito parecida com a mãe em muitos aspectos; tudo estava perfeito, incluindo o cabelo, a maquiagem e as roupas. Usando um vestido de coquetel azul-marinho com um colar de pérolas, seu sorriso revelando lindos dentes brancos dizia tudo. Ela estava totalmente no controle de si mesma; exalava uma confiança demonstrada por meio de declarações bem articuladas sobre todos os tópicos que abordamos naquela noite. Sérgio, por outro lado, não estava tão à vontade conosco e certamente não era tão refinado quanto sua futura esposa. Um jovem impressionantemente alto e bonito, com cabelos grisalhos e dentes desalinhados, ele tinha menos educação formal do que Louisa; a escola da vida lhe ensinara a maior parte do que sabia. Com os preparativos do casamento bem encaminhados, eles compartilharam conosco alguns detalhes do evento que estava marcado para o início de junho .

Eu definitivamente não fui convidada para este casamento; Joshua recebeu a ingrata tarefa de me informar. Ele se sentia dividido; queria ser leal à sua família, mas sentia que me deixar para trás seria errado. A princípio, a ideia de ser excluída me incomodou. Refletindo sobre o assunto, percebi que mesmo que as circunstâncias fossem completamente diferentes, minha presença levantaria todo tipo de questionamento. Quem é essa pessoa? Por que Joshua estava acompanhado por um homem mais velho? Os parentes de Josh não sabiam da minha existência; teria sido inapropriado me apresentar naquele momento, quando o foco estava nos recém-casados. Deixando isso de lado, cheguei à conclusão de que haveria um momento mais oportuno para me apresentar à família de Josh, e que o momento dessa ocasião provavelmente estaria fora do meu controle .

"Você se incomoda por não ter sido convidado para o casamento da minha irmã?", perguntou Joshua .

"Para ser sincero, estou até aliviado", respondi. "Realmente não acho que devamos nos impor à sua família. Quando chegar a hora certa, receberemos um convite para um jantar ou um evento." Eventualmente, sua mãe ou sua irmã ficarão tão ansiosas para me conhecer que vão querer me incluir em um evento familiar. Meu palpite é que sua irmã fará isso primeiro. ' Você se sentirá confortável na presença delas?', ele perguntou .

'Com base em todas as informações que você me deu sobre sua família, eu ficaria muito surpreso se as coisas não corressem bem. Todos parecem muito gentis e respeitosos; a menos que cometa uma grande gafe, devo ser capaz de me comportar de uma maneira que me garanta o respeito de todos eles', respondi com confiança. 'Só espero que a conversa não se volte para esportes ou outros assuntos dos quais eu sei muito pouco.' 'Não se preocupe, minha mãe e minha irmã vão falar a maior parte do tempo; você vai ter dificuldade para falar!', disse ele meio brincando .

'Quando esse dia chegar, eu te explicarei sobre cada pessoa que vou conhecer e sobre a maneira correta de me dirigir a elas .

A etiqueta familiar varia e eu não quero errar logo na primeira visita. Nossa, estou ficando nervoso só de falar nisso. Podemos mudar de assunto?' Outro casamento, marcado para novembro, me deixou animado. Meu irmão mais novo, Danny, finalmente ia se casar. Marianne, sua futura esposa, era uma mulher encantadora cuja graça e maturidade haviam sido herdadas de sua própria mãe, uma mulher cujo estilo, elegância e intelecto impressionavam qualquer um que a conhecesse. Fiquei emocionada que meu irmão caçula fosse se casar com alguém de uma família cujos valores eram semelhantes aos nossos. Na minha opinião, as chances de sucesso deles eram muito altas. Com sorte, Geoffrey ainda estaria saudável o suficiente para comparecer .

Muitos dos meus amigos estavam doentes. Foi uma época triste, que infelizmente durou anos. Gerry e Richard nos mantinham informados sobre o progresso de todos; Darryl Benoit estava ficando bastante fraco, Roger Bell estava frágil e Reggie Altman e seu sócio, Ian Smith, estavam em.. .

remissão. O HIV e a AIDS ainda devastavam meu círculo de amigos. O grupo diminuía a cada semana que passava. Eu tentava não me concentrar na perda dos meus queridos amigos, mas sim no amor que Joshua e eu compartilhávamos. Muitas vezes me perguntava se eu seria o próximo na fila da morte; contudo, eu não estava doente, nem tinha qualquer motivo para me preocupar. Os avanços médicos tornavam possível prolongar a vida, mas valia a pena? Quem gostaria de viver mais tempo quando a qualidade de vida era tão ruim? Um dia eu estava bem, no outro, mal. A montanha-russa emocional era constante. O amor de Josh me deixava nas nuvens; A dor e o sofrimento que meus amigos estavam passando me abalaram profundamente e me deixaram muito triste. Eu me sentia inútil, totalmente impotente .

Quando passava um tempo com algum dos meus queridos amigos doentes, as palavras simplesmente não vinham à minha mente. Contendo as lágrimas, eu fazia o possível para esconder meus sentimentos, exibindo um sorriso que devia parecer bastante artificial. Como tudo isso podia estar acontecendo tão cedo na minha vida? Seria isso uma retribuição por uma vida de pecado? Os crentes da Bíblia estavam certos em sua avaliação dos gays? Certamente um Deus amoroso nos ajudaria a encontrar uma saída para essa confusão, uma maneira de lidar com a dor, a perda e o sofrimento. Eu não estava bem preparado para lidar com esse tipo de catástrofe e minha fé em Deus estava sendo testada ao limite .

A morte estava por toda parte. O falecimento de Barbara Frum, aos 54 anos, após uma batalha de dezoito anos contra a leucemia, me deixou anestesiado. Essa jornalista canadense de rádio e televisão foi pioneira em um estilo de entrevista incisivo que lhe trouxe muito sucesso durante seus anos na Canadian Broadcasting Corporation. Minha mãe também era uma grande fã; ela teria ficado muito triste com essa trágica perda. Por influência da minha mãe, comecei a ouvir Barbara Frum; sua morte apenas aumentou a montanha de tristeza que eu carregava na época .

Nada motiva mais uma pessoa a querer viver do que o medo da morte. Não que eu desejasse morrer, mas havia dias em que me perguntava por que estava sendo poupado. Aqueles que se preparavam para a vida após a morte estavam, de certa forma, evitando o inevitável processo de envelhecimento, algo que a maioria dos homens gays teme desde muito jovens. O que é considerado velho muda conforme envelhecemos. Aos vinte e poucos anos, qualquer pessoa com mais de 40 era considerada velha. O que essas pessoas enrugadas poderiam fazer nessa idade? Tendo completado 40 anos há alguns meses, agora eu sabia que a idade é apenas um número; eu não me sentia diferente de como me sentia 20 anos atrás .

Ainda assim, questões de vida e morte faziam parte da conversa na maioria dos dias. Durante os anos de euforia sexual da década de 70, eu não era nenhum santo. Embora não me envolvesse em comportamentos sexuais de risco, certamente tive minha cota de parceiros, qualquer um dos quais poderia ser portador do HIV. Nem todos queriam fazer o teste, com medo de descobrir que eram HIV positivos. Normalmente, a pessoa esperava o aparecimento dos sintomas antes de decidir fazer o teste. Os testes anônimos haviam se tornado a norma; os homens gays eram encorajados a se autoexaminarem. Eu resisti ao convite por dois motivos: eu sabia que não seria capaz de lidar com um diagnóstico positivo .

Os amigos que poderiam ter me ajudado estavam muito doentes ou já haviam falecido. Outro motivo era que eu achava que tinha sido sábio o suficiente ao me abster da maioria das práticas sexuais consideradas de alto risco. Tolamente, eu estava determinado a evitar um diagnóstico .

Era apenas uma questão de tempo até que Joshua e eu conversássemos sobre esse assunto. Pensando a longo prazo, ele queria saber qual era a minha posição em relação a ele. Ele achava que seria prudente sabermos meu status de HIV para que pudéssemos tomar as precauções necessárias, se preciso. Ele tinha testado negativo para HIV pouco antes de eu o conhecer e, embora não estivesse me pressionando a fazer o mesmo, deixou claro que seria esperado que eu fizesse o teste .

Isso poderia ter sido um grande obstáculo, potencialmente terminando nosso relacionamento. Era um risco muito grande para mim. Havia um momento especial se construindo em nosso relacionamento, mas isso certamente poderia freá-lo. A escolha era minha. Ouvi a mãe dele dizer que não ficaria chateada se ele se mudasse. Presumiu-se que ele iria morar comigo. Eu arriscaria essa oportunidade única de viver com o homem que amo apenas por medo de um teste de HIV?

# Caminhando na corda bamba

A vida tinha voltado à normalidade em 1978. Todos os dias, eu dirigia até Gatineau, onde ensinava francês como segunda língua para meninos e meninas de 5 a 8 anos. Rapidamente se tornou rotina. As crianças eram o motivo pelo qual eu permanecia naquele emprego por tanto tempo. Tirando algumas crianças difíceis, os alunos eram adoráveis. Era difícil não ter favoritos e eu fazia o possível para esconder minhas preferências. Ray, um menino bonito com inteligência acima da média, havia conquistado meu coração. Se houvesse necessidade, eu o teria adotado num instante, mesmo com o medo de acusações de pedofilia que poderiam ser feitas contra mim. Eu não teria pensado duas vezes antes de assumir um compromisso tão grande; ele era muito especial. Embora eu tivesse dito publicamente que não queria ter filhos, não conseguia imaginar ver aquele menino sem um dos pais .

O Ministério da Educação da Província de Quebec havia contratado assistentes de ensino para que o francês pudesse ser ensinado a grupos menores. Enquanto eu dava aulas de francês para metade da turma, meu assistente ficava com a outra metade e os mantinha ocupados com atividades sociais, *em francês* ! Em um dia, eu dava aula para oito grupos de aproximadamente doze alunos. No final do dia, eu estava exausto. Quando o sinal tocou às 15h20, eu saí pela porta ao mesmo tempo que a multidão de crianças gritando e correndo em direção aos ônibus escolares ou aos pais que esperavam no portão da escola .

Meu relacionamento com Jean também havia se tornado rotineiro. Nos víamos uma vez por semana e, nos fins de semana, eu morava com ele. Quase não passava uma semana sem que tivéssemos uma festa para ir. Parecia- me que Jean era amigo de metade do mundo. Ele gostava de conhecer pessoas novas e puxava conversa com muita facilidade. O mundo girava em torno dele; eu me sentia como Toto, do Mágico de Oz. Habitualmente, eu era a mais jovem na multidão. Como nem sempre me sentia incluída, isso criava tensões em nosso relacionamento .

Lembro-me de uma dessas festas em Montreal, em setembro; Tim Lawlor estava completando 40 anos. Seu parceiro, Tim Abbott, havia organizado uma recepção com os proprietários (Michel e Guy), que moravam no andar térreo de uma elegante casa de pedra de dois andares em Côtes des Neiges. A maioria dos presentes era bem mais velha do que eu e a maioria era casada. Os convidados lotaram os dois andares da casa, circulando de um ambiente para o outro. A comida era farta e primorosamente disposta em grandes travessas; bebidas alcoólicas e vinho fluíam. Tim foi presenteado com muitos presentes, principalmente livros e flores. Jean estava se divertindo muito, reacendendo amizades com pessoas que não via com frequência .

Para passar o tempo, analisei cada detalhe do esquema de decoração em cada um dos cômodos. Minha memória da decoração da sala de estar permanece vívida. Um tecido altamente floral, generosamente plissado, havia sido usado para cobrir as paredes. Um enorme lustre de cristal pendia do centro do teto; um tecido angulado a partir desse ponto unia as quatro paredes e criava uma espécie de tenda. O efeito era deslumbrante, embora um pouco feminino demais para o meu gosto. Nunca mais veria um efeito de decoração tão dramático feito com tecido. Michel e Guy estavam orgulhosos desse estilo único que refletia seu gosto por interiores modernos. Movendo-me de um cômodo para outro, conversei com algumas pessoas que se perguntavam com quem eu havia vindo para este evento glorioso. Já era tarde quando Jean decidiu deixar as festividades e voltar dirigindo para Ottawa. Meu tédio não passou despercebido; tivemos uma conversa difícil na qual expressei meu desconforto em ter que fazer amizade com pessoas mais velhas com quem eu tinha pouco em comum .

Houve dias em que senti que estava caminhando em uma linha tênue, como o acrobata Karl Wallenda, cuja morte após cair de uma corda bamba me tocou profundamente. Eu sabia que Jean estava extremamente orgulhoso de mim e gostava de me apresentar a seus muitos amigos e conhecidos. Embora eu guardasse meus sentimentos para mim na maior parte do tempo, a verdade vinha à tona em momentos constrangedores. Eu sabia que o magoava; me senti mal por revelar meus pensamentos mais profundos. Muitos dos meus amigos me consideravam muito sortuda por ter um parceiro tão generoso; eles trocariam de lugar comigo sem hesitar. Por mais que eu o admirasse e me sentisse confortável em sua companhia, percebi que estávamos nos distanciando. Será que eu estava jogando fora o bebê junto com a água do banho? O que havia de errado comigo ? Embora nosso relacionamento tivesse sido monogâmico, eu não me sentia comprometida .

Graças a Frenchy, que fazia aniversário no mesmo dia que Jean e com quem ela tinha construído uma amizade sólida, ela conseguiu a perspectiva dele sobre o nosso relacionamento. Ele havia se confidenciado com ela quando tudo desmoronou no dia em que eu disse que precisava de espaço. Norman veio em meu socorro, oferecendo sábios conselhos. Ele tinha acabado de terminar com Marcello; a dor da separação ainda estava fresca em sua mente. Ele e eu passamos horas analisando cada detalhe do meu relacionamento com Jean. Chegamos à mesma conclusão: nenhum de nós tinha culpa. Não éramos feitos um para o outro. Ou não nos encontramos na hora certa .

Passaram-se alguns meses durante os quais mantivemos distância .

Quanto mais eu demorava para tomar uma decisão, mais difícil ficava. Com muita angústia, decidi tentar mais uma vez, na esperança de que desta vez evitaríamos as dificuldades que levaram à nossa primeira separação, mas não conseguia identificar exatamente qual era o problema. Seria falta de paixão? Frenchy torcia por nós; ela nos amava desde muito cedo e queria que ficássemos juntos. Será que nossa segunda tentativa duraria mais do que os 33 dias do Papa João Paulo I? Minhas melhores lembranças de João são dos momentos que passávamos assistindo a sitcoms deitados em sua cama. "Three's Company" era uma das nossas favoritas. A piscadela do Sr. Roper para a câmera pareceu-me um reconhecimento de que nem tudo precisa ser dito e que se pode compartilhar pensamentos profundos com uma alma gêmea sem verbalizá-los.

# Morte e vida após a morte

A AIDS havia se tornado uma epidemia; a sigla estava na boca de todos. Não era mais uma doença limitada a homens gays; havia se espalhado para outras comunidades. Não havia como ignorá-la, pois atraía atenção indesejada para a comunidade gay. Inicialmente uma doença das grandes cidades, agora pessoas de todos os cantos do planeta estavam sendo afetadas por essa doença terrível. Os fanáticos religiosos acreditavam que era a vingança de Deus por uma parte doente e depravada da sociedade da qual eles queriam se livrar desesperadamente. Lentamente, o mundo estava despertando para o que inicialmente temia ser uma pandemia. Com a descoberta de medicamentos que prolongavam a vida de pacientes com AIDS, um número limitado de hospícios para cuidados paliativos começou a surgir. O cuidado com os doentes e moribundos uniu a comunidade gay, interrompendo temporariamente as brigas internas. Por mais doloroso que fosse, a vida continuou .

Chegou o dia de eu fazer o teste de HIV. O teste não é a questão; é o veredito. Todos os dias, alguém do meu círculo de amigos recebia o diagnóstico de HIV positivo; eu seria o próximo? Eu não conseguia deixar de me perguntar se Joshua ficaria por perto se chegasse a esse ponto. Um cara perfeitamente saudável, jovem e atraente gostaria de compartilhar a vida com um velho doente? Eu tinha minhas dúvidas! Não era tanto o medo da morte, embora a maioria das pessoas se sentisse apreensiva com a ideia de falecer, mas sim o estigma e a dor da doença que me assombravam. Nos primeiros dias da epidemia de AIDS, falávamos em voz baixa ao discutir essa doença terrível ou a condição de algum amigo que sofria com as infecções intermináveis contraídas devido a um sistema imunológico incapaz de combater vírus oportunistas. O medo de perder um amigo após o outro me levava a crises de ansiedade e depressão. Em comparação com o que os outros estavam passando, eu estava determinado a encontrar maneiras de manter uma sensação de bem-estar, apesar da sensação de desespero e tristeza que prevalecia naqueles dias. Mesmo com alguns avanços iniciais em laboratórios de pesquisa, havia muito pouco otimismo entre meus amigos. Eu seria o único sobrevivente do grupo ou também sucumbiria a essa doença horrível? Em alguns dias, evitei todo contato com pessoas doentes, jornais e revistas, e me mantive longe de tudo que me lembrasse ou me trouxesse de volta ao assunto da AIDS. Era meu método de lidar com a situação, um que funcionava para mim, mas que nunca era discutido com outras pessoas por medo de repúdio .

Durante uma conversa em uma festa para comemorar o 40º aniversário de SimonNo meu aniversário, Luke me informou que Neil estava definhando rapidamente; ele estava à beira da morte. Ele mencionou de passagem que Guillaume havia falecido um ano antes e que não via seu cônjuge, Shamus, desde o funeral. Essa foi uma conversa estranha com uma pessoa que parecia estar prestes a morrer também. Com 1,73 m de altura, Luke era um homem magro, sem um pingo de gordura corporal. Ele estava pele e osso desde o primeiro dia em que o conheci. Qualquer doença o derrubaria num instante; acho que ele sabia disso .

Era artrite, e não AIDS, que estava me incomodando. O Dr. Zable me deu a notícia deprimente: lentes de contato estavam fora de questão .

Uveíte — uma forma de artrite — havia danificado permanentemente meu olho direito; Usar lentes de contato causaria irritação nas pálpebras. Uma breve conversa sobre glaucoma foi suficiente para eu concordar com a recomendação dele de usar óculos .

Uma pausa na constante sensação de pessimismo veio na forma de um convite para o casamento de Mike e Halley. Fiquei emocionada por sermos convidados como um casal. Joshua e Mike eram amigos há anos; eles estudaram na mesma universidade e tinham muitos amigos em comum. Para mim, isso foi um reconhecimento do nosso relacionamento; Mike e Halley nos apoiaram, embora soubessem muito pouco sobre mim além do que Joshua havia contado a eles. Esse voto de confiança foi um alívio bem-vindo do peso do ciclo de morte que nos rondava há anos .

O William Street Wine Bar era o lugar para estar e ser visto numa tarde de domingo. Eu adorava sair no final da tarde; tinha se tornado um substituto para a cena noturna dos bares, que há muito perdera o encanto. Agora, em sociedade, a atração por bares e clubes tinha desaparecido. Este bar de vinhos era o lugar perfeito para encontrar e conversar com amigos. A música ambiente nunca era muito alta. O esquema de cores art nouveau em preto, cinza e pêssego dava ao lugar um ar de sofisticação .

Assim que entrei, avistei Lawrence sentado no bar. Ele era uma pessoa popular; sempre havia muitos outros caras ao redor dele .

Quando me viu, veio até mim para conversar. Após as saudações de praxe, a conversa mudou para a saúde de nossos amigos. Donald Romaine estava doente; segundo Lawrence, Donald tinha linfoma de Hodgkin, mas o que se comentava era que ele escondia o fato de ser HIV positivo. Homem de fibra, Donald era tão reservado quanto exuberante; era um tipo extravagante, mas não.. .

Ele não era afeminado de forma alguma. Era conhecido por dar festas exóticas; um convite para uma de suas muitas noites selvagens era um sinal de confiança. Nos conhecíamos porque cantávamos no Coral Masculino de Ottawa; lá, ele tentava impressionar os outros com seu estilo de vida extravagante. Eu nunca fiz parte de seu círculo íntimo de amigos e as informações que eu tinha daquelas noites na masmorra eram apenas boatos de terceiros .

Chegaram mais notícias sobre Neil, que havia perdido a visão e agora desejava morrer. Darryl Benoit estava perto do fim. Havia tantas notícias tristes que era difícil ser positivo. Ter Joshua por perto me ajudou a superar os momentos difíceis. A maioria dos meus amigos estava doente ou morrendo; Joshua não os conhecia muito bem, pois eu não passava muito tempo com eles. Culpo-me por não ter tido disposição para visitar amigos gays; só de pensar nisso já me sentia desconfortável. Em vez de estar na presença deles e me sentir deslocado, mantive-me afastado por respeito à privacidade deles .

As distrações foram poucas; Joshua e eu assistimos à inauguração oficial da Euro Disney pela televisão. Foi um espetáculo deslumbrante que incluiu artistas de primeira linha de todo o mundo. Joshua já havia visitado a Disney World na Flórida e apreciado a magia criada por essa extraordinária equipe de designers .

A fantasia criada por Walt Disney contrastava fortemente com a dor e o sofrimento da comunidade gay em todo o mundo .

Apesar de tudo, para cada pessoa que morreu de AIDS, uma colcha foi feita (por amigos e familiares do falecido) e adicionada à colcha internacional iniciada nos Estados Unidos. Cada painel contava a história de uma pessoa cuja vida foi interrompida precocemente. Tão colorida quanto qualquer criação da Disney, era uma homenagem que tocou os milhões que vieram vê-la nas diversas cidades da América do Norte .

A morte de Neil Davidson e Tony Kingston com poucos dias de diferença foi um golpe duro .

'Você acredita em vidas passadas?', perguntou Josh. 'Que assuntos inacabados em uma vida são levados para a próxima?' 'Engraçado você falar sobre reencarnação', eu disse. 'Tia Annie e eu tivemos longas discussões sobre isso.' Ela estava convencida de que, quando a alma deixa o corpo, eventualmente retorna à Terra em outro ser para continuar o trabalho de aprimoramento pessoal ou para

encontrar redenção por mortes injustas do passado. ' O que você acha de uma pessoa que tem um talento tremendo, mas sem tê-lo adquirido?', perguntou Josh .
'Você está se referindo a crianças prodígio?', perguntei .
'Sim! É exatamente isso que quero dizer', disse Josh. 'Acho que essas pessoas tinham um talento em uma vida anterior e continuam de onde pararam em uma nova.' 'Encarnação anterior. De que outra forma você explicaria como uma criança pequena consegue tocar Beethoven com toda a energia e inspiração que suas composições exigem?' 'Por outro lado, uma pessoa pode passar a vida pagando caro por erros de vidas passadas', eu disse. 'Pelo menos, é assim que eu vejo. *Não é justo* , você pode pensar, mas acredito que estamos aqui para aprender e, a menos que aprendamos, estamos condenados a reviver os mesmos erros repetidamente até entendermos o que devemos aprender.' ' Eu li que membros da família às vezes foram parentes em vidas passadas; sua mãe pode ter sido sua irmã ou sua filha em uma vida anterior', disse Josh. 'Isso pode explicar algumas das rivalidades entre irmãos que podem ter se odiado ou desprezado em uma existência anterior.' 'A regressão a vidas passadas seria útil para encontrar relacionamentos antigos?' Joshua se perguntou. 'Deveríamos alugar o filme "Dead Again". Este filme de 1991 detalha o assassinato, em 1949, da pianista Margaret, que foi esfaqueada com uma tesoura antiga durante um assalto. Seu marido, Roman, é considerado culpado do crime e condenado à morte. O enredo é muito cheio de reviravoltas; no final, descobrimos que Roman não era culpado do crime. Muito do que se aprende sobre o assassinato vem através de sessões de regressão a vidas passadas.' A forte química entre Joshua e eu me fez pensar se, de alguma forma, tínhamos estado conectados em uma vida anterior. Às vezes, eu pensava que ele era clarividente; ele conseguia ler meus pensamentos com uma precisão estranha e perturbadora. Eu suspeitava que ele tinha dons sobrenaturais; ele minimizava o fato de ser, de fato, capaz de premonição e de ter sonhos visionários intensos. Ele optou por não falar sobre essas habilidades, provavelmente por medo das minhas reações. Ele não precisava ter se preocupado. Quanto mais eu sabia sobre Josh, mais eu queria continuar nossa jornada de descoberta .
Através das obras escritas de Edgar Cayce, eu havia aprendido muito sobre o mundo espiritual e os poderes de cura de Cayce. Ele frequentemente realizava procedimentos fora do local (em alguns casos, a centenas de quilômetros de distância da pessoa que estava tratando), orientando o médico assistente a Realizava operações delicadas que levavam a recuperações inacreditáveis de uma doença da qual poucas pessoas sobreviviam. Regressões a vidas passadas permitiram a Cayce identificar a origem dos problemas e estabelecer remédios adequados, que eram pouco convencionais. Joshua demonstrou grande interesse nesses escritos. Percebemos que ambos acreditávamos na lei cármica e que todo o bem que pudéssemos fazer na Terra não se perderia com a morte. Acreditar em propósito e justiça natural é o alicerce mais sólido que podemos esperar ter. Sentíamos que estávamos destinados um ao outro; Joshua pressentia que nosso tempo juntos abrangeria muitas décadas, talvez uma vida inteira.

# Mudando de marcha

Era uma noite quente de julho de 1980 em Ottawa e o ar no meu pequeno apartamento na Chapel Street estava sufocante. Um pequeno ventilador no corredor, bem em frente a uma janela e do outro lado da entrada principal, não conseguia refrescar o apartamento minúsculo, onde um cômodo se conectava ao outro ao longo de todo o prédio. Com todas as janelas voltadas para o sul, exceto a do quarto, que dava para o deserto, minha morada era uma fornalha durante os meses de verão. Felizmente, havia uma varanda que eu podia usar quando o calor me atingia . Esse espaço aberto era a entrada para várias outras unidades do prédio; era também o meu ponto de vista para observar os transeuntes indo para a lavanderia do outro lado da rua, na Somerset .

Eu estava sentada nos degraus da frente, tomando um refrigerante e observando o mundo passar, quando vi Michael caminhando pela rua na minha direção. Eu o conhecia há algum tempo; fomos apresentados em uma festa particular da qual não me lembro. O corpo tonificado de Michael, envolto em roupas caras, dizia muito sobre ele. Ao que tudo indicava, ele se cuidava bem . Era razoável concluir que ele era saudável e provavelmente não tinha HIV .

Quando ele se aproximou de onde eu estava sentada, parou para conversar .

Brincadeiras à parte, ele me contou que estava namorando minha ex-parceira. Eu me importaria? De jeito nenhum! Jean e eu tínhamos tentado bastante; não fazia sentido prolongar um relacionamento que não estava funcionando para nenhum de nós. Nosso inevitável término foi ainda mais difícil para mim desta vez, pois foi Jean quem deu o golpe final. Não houve ressentimentos entre nós; sabíamos que tínhamos completado um ciclo e que era hora de sair do carrossel .

Senti alívio por Jean ter conhecido Michael; eles tinham muito em comum e provavelmente teriam um relacionamento longo e gratificante. Ambos gostavam de arte, roupas de alta costura e design de interiores, além de gastronomia requintada. Ajudou o fato de Michael ser um excelente chef, tendo aprendido muito com a mãe. Curioso para ouvir minha versão da história, ele queria saber por que Jean e eu tínhamos nos separado. Nunca fui de me esconder atrás de muros, então compartilhei com ele as coisas que inicialmente me atraíram em Jean e os problemas que nos separaram. No pouco tempo que ele havia passado com ele, já havia percebido algumas coisas irritantes que o preocupavam. Eu o encorajei a resolver suas diferenças para que o relacionamento pudesse se desenvolver em um vínculo duradouro, o tipo de relacionamento que eu gostaria de ter tido com Jean .

Depois do término com Jean, minha vida pessoal ficou um pouco instável e minha vida profissional não estava melhor. Sem ter certeza se eu queria.. .

Embora eu continuasse sendo professora, a ideia de ter que redirecionar minha vida mais uma vez me deixava apreensiva com o que me aguardava. O diretor Warden me chamou em sua sala e disse que achava que eu não tinha o perfil para ser professora do ensino fundamental; eu não demonstrava a paixão necessária para dedicar uma carreira ao ensino de crianças. Segundo Hank, *o salário é bom, mas depois de um tempo será impossível para mim sair*. Eu sabia o que ele queria dizer; muitos professores permaneciam na profissão por causa do salário e não pelo bem das crianças. As palavras do Sr. Warden ecoavam em minha mente todos os dias, ao final de cada dia exaustivo .

Meus sonhos de me tornar designer de interiores se dissiparam quando não consegui os créditos necessários ao final do meu primeiro ano de universidade. Recorri ao ensino como um trampolim para outra carreira indefinida. Sem saber onde encontraria um emprego adequado, decidi que, se as coisas dessem errado, sempre poderia ganhar algum dinheiro dando aulas como professor substituto em escolas locais. O caminho para o sucesso era muito nebuloso; eu realmente não tinha ideia de onde ou o que deveria fazer a seguir. Precisava de tempo para pensar, para me encontrar, para me reinventar. Estava ganhando tempo. Estava tão assustada com a possibilidade de fracassar que decidi voltar para a universidade para fazer um curso de licenciatura em Educação com duração de um ano. Por mais contraproducente que parecesse, meu raciocínio era que ter um diploma em educação e alguns anos de experiência garantiriam uma renda caso tudo desse errado. Seria meu plano B, caso minha jornada de vida me levasse a um fim abrupto. Abortar e recomeçar! Voltar para a universidade me deixava nervosa; eu provavelmente seria a mais velha da minha turma. Por outro lado, minha experiência seria útil. A teoria educacional ou faria sentido para mim ou seria tão absurda que poderia ser ridícula. Isso seria moleza, ou pelo menos era o que eu acreditava quando me matriculei no Pavilhão Lamoureux da Universidade de Ottawa .

A turma de 1981 estava dividida em dois grupos; eu pertencia ao subgrupo menor, destinado a se tornar professor do ensino fundamental . Não havia muitos homens, mas dos que estavam na minha turma, Luc era o meu favorito. Ele havia trabalhado como designer gráfico por vários anos e sentia o chamado para ser professor. Como um chamado religioso, uma pessoa pode sentir essa atração, que no caso dele era difícil de ignorar. Luc era um amante da natureza; gostava de caminhadas, ciclismo, trilhas na neve, esqui e da maioria das outras atividades esportivas individuais .

Casado e pai de três filhas, elas eram a alegria da sua vida. Sua elegante esposa, Christine, era uma mulher linda, alta e loira .

Com um visual de granola, ele já era professor do ensino fundamental .

Minha atração por Luc cresceu desde o primeiro dia em que o conheci. Ele era de longe o cara mais atraente do nosso grupo. Por mais que eu tentasse esconder meus sentimentos, meus colegas já tinham percebido que eu tinha uma queda enorme por ele. Foi tudo em vão, já que ele era felizmente casado e muito "hétero". Quando ele chegava às aulas de manhã cedo com mochilas nos olhos, ele sorria para mim e dizia: " *Fui atacado ontem à noite* " .

Um dia, eu retruquei dizendo que travesseiros não atacam. Ele sabia que eu morava sozinho; contei a ele que era gay. Felizmente, isso não o assustou; ele continuou a amizade como se nada tivesse acontecido. Ele se sentiu à vontade o suficiente para me convidar para conhecer sua esposa e filhos. Nos anos que se seguiram, nos vimos apenas algumas vezes; eu não segui a carreira de professor e, portanto, não teria tido a oportunidade de encontrá-lo em reuniões ou dias de desenvolvimento profissional.

# Boas notícias!

Nos dias que antecederam o feriado prolongado da Páscoa de 1992, Joshua combinou de passar um tempo comigo, sabendo que não nos veríamos no domingo de Páscoa. A família vinha em primeiro lugar. Seus pais eram jovens e gostavam de ter os filhos com eles em todos os eventos especiais do ano. Haveria muitos outros fins de semana e feriados sem ele; eu teria que me acostumar. Para compensar essa ausência, Joshua planejou algumas atividades ao ar livre na sexta-feira e no sábado que antecediam a Páscoa. Um passeio no Mercado Byward na primavera era a minha ideia de diversão. Salgueiros-gatinho, xarope de bordo e narcisos estavam expostos em cada esquina; Havia um ar de otimismo, de que tempos melhores e mais quentes estavam por vir. Com o inverno ficando para trás e os dias ficando um pouco mais longos a cada 24 horas, meu ânimo melhorava a cada dia que passava .

Percebi que Joshua também estava muito animado; ele também era fã da primavera? Sim! Concordamos que o início do ciclo de crescimento era o começo de um novo ano cheio de esperança e lugares limpos, sem os detritos acumulados por turistas e outros que poluem nosso ambiente intocado. As pessoas do setor de serviços estavam muito mais alegres no início da temporada turística do que estariam no outono, quando dores nos ossos e impaciência seriam a norma .

Conversamos mais sobre nossa vida juntos. O apartamento de 111 metros quadrados era de bom tamanho, mas eu o havia preenchido completamente nos sete anos em que o ocupei antes de conhecer Josh. Dos dois quartos, o menor se tornou meu quarto principal. Os pertences de Josh, incluindo sua coleção de música, caberiam no quarto maior. Nosso plano era transformar esse quarto em um escritório completo, com televisão e armários para guardar livros, CDs, LPs, etc .

Estávamos preocupados que o peso de todas as coisas no quarto afetasse a estrutura de madeira do prédio, mas uma viga de aço que percorria toda a extensão do edifício, visível no porão, nos levou a crer que o piso suportaria a carga extra. Levaria anos até que notássemos uma separação de um centímetro entre o rodapé e o chão, indicando que o excesso de peso havia criado o problema.

Nosso plano era morar naquele apartamento o máximo que pudéssemos enquanto procurávamos um lugar mais adequado. Idealmente, nossa próxima casa seria um pouco maior para acomodar todos os nossos pertences. Cada um de nós queria uma mesa de computador e fácil acesso aos nossos materiais de pesquisa. Isso era fundamental para Josh; ele havia começado uma pesquisa sobre o período "disco" com a esperança de produzir algum tipo de antologia, cujos parâmetros ainda eram muito vagos .

Recebi notícias surpreendentes no início de maio de 1992. Não conseguia acreditar quando me disseram que eu era HIV negativo. *Tem certeza?* Nenhum dos meus amigos ficou surpreso; o contrário teria sido um choque. É verdade que eu não tinha me envolvido em comportamentos sexuais de risco; eu sabia naquela época sobre me proteger: eu sabia onde tinha estado. Nos últimos 25 anos, tive minha cota de experiências, algumas das quais eu jamais mencionaria .

Cheguei à conclusão de que era HIV positivo sem nenhum sintoma e sem fazer o teste. Não havia motivo para preocupação, ou assim eu pensava. Para mim, era importante que Joshua soubesse com certeza. Não ter sintomas óbvios não era suficiente para ele; Ele precisava de uma confirmação médica sobre meu status de HIV. Se eu quisesse mantê-lo por perto, não tinha escolha a não ser fazer o teste. Essa boa notícia foi uma grande surpresa para mim e um alívio para Josh. Estávamos prontos para seguir em frente, confiantes de que qualquer outro obstáculo potencial aos nossos planos de morar juntos seria insignificante em comparação . Os resultados do teste me deram uma sensação de euforia; significava uma nova chance na vida, uma segunda chance, uma saída da prisão. Foi como ganhar na loteria — a loteria da vida. Certifiquei-me de estar sozinha quando recebi a notícia por medo do que suspeitava. Aleluia! Minha vida continuaria . Quer ele percebesse ou não, Joshua estava se escondendo de mim. Eu sentia que ele estava freando nosso relacionamento sem sequer admitir. Era natural que ele se protegesse e protegesse sua família. Ele sempre levava em consideração os possíveis impactos sobre sua família imediata .

No trabalho, as coisas estavam acontecendo. Uma avaliação de meio período para o cargo de Consultor de Recrutamento na Comissão de Serviço Público me deixou satisfeita por ter conquistado uma das quatro vagas anunciadas. Embora não fosse uma promoção em termos salariais, era definitivamente o tipo de trabalho que eu desejava há algum tempo. Eu havia entrado para a equipe de recursos humanos em 1986 e trabalhado em diversas funções. A área de recrutamento e seleção sempre foi minha paixão e, por meio de diversas atribuições, adquiri considerável experiência tanto em organizações de linha quanto em agências centrais. Para garantir a ampla experiência necessária para ascender na carreira, aceitei trabalhar em um escritório regional por um período de dez meses. Como especialista em recrutamento e seleção, sentia que tinha um bom domínio do assunto, então, quando as vagas na Consultoria de Recrutamento e Seleção surgiram, eu sabia que estava pronto para o desafio .

De todas as qualidades que Joshua demonstrava, era seu senso de humor que eu achava mais cativante. Mesmo nas situações mais estranhas, ele conseguia encontrar o lado engraçado das coisas. Sua risada era alta e vinha do coração. Toda semana, nós matávamos nossa vontade de rir assistindo a uma sitcom. Uma das nossas favoritas de todos os tempos era As Golden Girls. Ficamos tristes no dia em que assistimos ao episódio final. Depois de sete temporadas, tínhamos nos apegado a Dorothy, Rose, Blanche e Sofia. Eram as falas engraçadas, as tiradas espirituosas, as piadas bobas e as situações cômicas que as garotas enfrentavam em cada episódio que nos faziam rir muito. O humor era um dos pilares do nosso relacionamento. Numa época em que comparecíamos a dois ou três funerais por mês, o lado mais leve da vida nos mantinha firmes. Assim como Dorothy ameaçava sua mãe mencionando o asilo Shady Pines quando ela estava sendo um incômodo, nós brincávamos um com o outro sugerindo que ele voltaria para casa quando as coisas ficassem difíceis. Era tudo brincadeira; éramos tão felizes juntos que a ideia de Joshua não vir morar no número 250 da Rua O'Connor era impensável. Ele ainda não havia se mudado oficialmente, mas sua presença constante era uma parte muito importante da minha nova vida com ele.

# Assédio nos Correios

Com um diploma de Licenciatura em Educação e a segurança inerente que ele proporcionava, comecei a procurar emprego em agosto de 1981. Lecionar estava fora de questão, mas as oportunidades existiam e acabei aceitando uma oferta irrecusável. Na época em que lecionava francês como segunda língua, invejava meus colegas que tinham suas próprias salas de aula e seguiam o currículo prescrito. Crianças de 8 ou 9 anos eram, na minha opinião, as mais fáceis de alcançar; nessa idade, elas são encantadoras, curiosas, inteligentes, abertas a novas ideias e competitivas. Por vezes vulneráveis, podiam ser facilmente moldadas para se adequarem a padrões aceitáveis .

Quando a diretora da Escola Primária South Hull ligou e perguntou se eu poderia assumir uma tarefa de três meses (substituição por licença-maternidade ) para uma turma de imersão em francês do 3° ano, o convite foi irresistível. No primeiro mês, fiquei no 7° ano ; o tamanho da turma era aceitável, a mistura de alunos fascinante, com muitas nacionalidades representadas. Não demorei a me afeiçoar àquelas crianças lindas e tão ansiosas para aprender e agradar a professora. Até hoje, ainda não sei por que não me apaixonei pelo ensino; completei a tarefa e segui em frente .

Numa encruzilhada da vida, busquei respostas para o meu dilema profissional; Sem interesse em me tornar tradutor, sem paixão por ensinar, sem inteligência suficiente para entrar na Escola de Design, as opções estavam ficando cada vez mais restritas. Droga, onde foi que eu errei? Numa noite de dezembro, me afastei do metrô e fui tomar uma cerveja num bar chamado 166B. Me sentindo deprimido por falta de trabalho, eu sabia que precisava fazer contatos para conseguir meu próximo emprego. Havia poucos bares gays em Ottawa naquela época; o 166B, cujo nome deriva de seu endereço na Laurier West, era um lixo. Bolas de poeira pendiam do teto de estalactites, o lugar cheirava a cerveja velha e os banheiros eram imundos. Que nojo! Os garçons eram velhos cansados que tinham sido dispensados quando o bar no andar de baixo do Lord Elgin fechou as portas. Os novos donos do hotel queriam se livrar das velhas patricinhas que frequentavam o lugar (e paqueravam os banheiros do andar de cima) para tornar o estabelecimento respeitável novamente .

O 'B', como era carinhosamente chamado, atraía uma grande variedade de homens e algumas mulheres que ousavam entrar. Joshua comentou que estivera lá uma noite com seu então parceiro, Mauricio, e dois amigos. Naquela noite, os quatro, Vestidos impecavelmente, tinham ido à aula de táticas no Mercado Byward e depois se dirigiram ao 166B. Olhando em volta, perceberam que eram as pessoas mais jovens do lugar. Sentindo-se sobrecarregados e desanimados, beberam rapidamente as garrafas de cerveja e saíram jurando nunca mais voltar .

Barry Turner estava lá numa noite fria de dezembro. Eu sempre podia contar com ele para uma conversa inteligente. Naquela noite, eu estava em frangalhos; meio chorando, expus minha situação perguntando se ele conhecia alguém que estivesse procurando contratar um bom homem. Disse a ele que estava pronto para fazer *qualquer* tipo de trabalho; eu precisava desesperadamente de renda para pagar as despesas. Ele não fez promessas, mas disse que perguntaria por aí; ele trabalhava em recursos humanos nos Correios. Na diretoria de salários, sempre havia necessidade de pessoal adicional, pois os funcionários migravam para cargos melhores assim que adquiriam experiência suficiente. Barry sabia que não era um ambiente de trabalho ideal, mas insisti para que ele conversasse com o Diretor Geral a meu respeito .

Em poucos dias, fui entrevistado, passei por uma triagem de segurança e fui contratado para a divisão de emissão de salários. Meu supervisor, um jovem com um olhar tão brilhante quanto o sol, me designou para trabalhar em conjunto com Gayle Nestor, uma funcionária experiente, apaixonada pelo trabalho e gentil comigo. Ela percebeu que eu não estava no ambiente certo; O que um cara com formação universitária e dois diplomas estava fazendo em um ambiente onde a grande maioria só tinha concluído o ensino médio? Alguns dos meus colegas de unidade eram uns valentões. Eles eram ignorantes sobre como tratar os outros com respeito e eu rapidamente me tornei alvo do que seria, e deveria ter sido, considerado assédio .

Todos os dias, logo depois de chegar ao trabalho, a gangue de machões sentava em suas mesas e batia papo sobre os eventos esportivos que tinham assistido na noite anterior. Como o supervisor chegava mais tarde, essa perda de tempo nunca era notada. Eles se aproveitavam da ausência dele para me ridicularizar de diversas maneiras. Um dos caras tinha reparado que meu carro era um Honda Civic DL . *"DL significa lambe-pau!"* disse Mike Maynard em voz alta o suficiente para que qualquer pessoa no andar pudesse ouvi-lo. Não adiantava dizer nada; tenho certeza de que meu rosto ficava mais vermelho toda vez que ele falava bobagens como essa .

Bernie Merman, uma mulher judia na casa dos cinquenta, cuja mesa ficava bem perto da nossa divisão, me chamou até sua baia; ela estava Ela estava preocupada comigo e queria que eu soubesse que faria tudo o que pudesse para me ajudar a encontrar outro emprego em algum lugar do governo. Alcoólatra em recuperação, ela frequentava reuniões dos Alcoólicos Anônimos e havia conhecido alguns altos funcionários do governo. Ela tinha ficado sabendo de um novo programa governamental que estava sendo criado para incentivar a exploração de petróleo e gás no Canadá. Algumas semanas depois, ela anunciou que estava saindo para trabalhar no Programa de Incentivos ao Petróleo, no Departamento de Energia, Minas e Recursos .

Foi uma notícia devastadora para mim; meu mundo continuaria em declínio constante sem a ajuda e o apoio moral de uma pessoa como Bernie .

No último dia antes de partir, ela me pediu uma cópia do meu currículo, que pretendia entregar ao seu novo supervisor. Com sorte, talvez eu conseguisse uma entrevista, pensei. Passaram-se algumas semanas antes de Jane Westin me ligar, perguntando sobre vagas administrativas oferecidas no Programa de Incentivos ao Petróleo. Embora a legislação ainda não tivesse sido aprovada, o departamento estava se preparando para o lançamento do novo programa. A gerência estava contratando e novas pessoas ingressavam na organização todos os dias .

Graças a Deus, minhas orações foram atendidas. Fui transferida para um cargo administrativo no mesmo grupo ocupacional e nível (com salário idêntico) no Departamento de Energia, Minas e Recursos. Os escritórios do programa ficavam no Edifício Memorial Ocidental, na Rua Wellington, perto do Parlamento. Senti uma grande sensação de realização por ter conseguido esse cargo de nível básico, porém muito seguro e permanente, no serviço público federal. A organização havia se tornado uma empresa estatal enquanto eu trabalhava lá, e as questões de mobilidade de pessoal começaram a afetar quase todos os funcionários. Com esse novo emprego, o céu era o limite; eu teria permissão para me candidatar a qualquer vaga em qualquer lugar do governo federal .

Quatro pessoas haviam sido contratadas para trabalhar como equipe de apoio operacional .

Além de mim e do Bernie, havia outras duas pessoas (Linda Shortt e Ron Kippling) na unidade, subordinadas a Lucille Lemay. Nós quatro não tínhamos praticamente nada para fazer, já que o programa ainda não havia sido lançado oficialmente. Líamos livros, jogávamos cartas e fazíamos brincadeiras para passar o tempo. Qualquer coisa era melhor do que o assédio que eu havia sofrido nos Correios .

Quando Lucille veio ver como estávamos, me ofereci para fazer qualquer trabalho que ela encontrasse para mim. Ela acabou voltando e nos ofereceu a oportunidade de ajudar o pessoal da Equipe de Consultoria de Gestão. Eles estavam atrasados com o trabalho e precisavam de alguém disposto a tirar cópias de documentos .

Não havia muitos interessados; na verdade, eu era o único. Mente vazia é obra do diabo, pensei comigo mesmo; melhor estar ocupado do que entediado! Com o tempo, outra porta se abriu graças à minha disposição para o trabalho.

# Conhecendo minha futura sogra

O dia 10 de maio de 1992 foi um dia crucial que ainda me lembro vividamente. Eu estava sob considerável estresse; também estava animada para finalmente conhecer a mãe do Josh. O convite para jantar na casa de Louisa e Sergio em Gatineau foi uma bênção ambígua. O pai do Josh estava na Ásia em uma viagem de negócios de duas semanas, deixando sua mãe sozinha no Dia das Mães .

Na época, eu jamais imaginaria que Joshua pudesse estar envolvido no planejamento desse evento fatídico. Quando Joshua me disse que havíamos sido convidados para a casa de sua irmã no Dia das Mães, eu não percebi imediatamente que conheceria sua mãe .

"Ei, finalmente você vai conhecer minha mãe!", disse Josh. "Você sempre quis conhecê-la e esta é a sua chance. Com meu pai na China, não há oportunidade melhor." "Tem certeza de que ele vai ficar bem com isso quando descobrir?", perguntei .

"Talvez", disse Josh, "mas não há nada que ele possa fazer a respeito. Se você tem medo de que isso possa fazer mais mal do que bem, sugiro que não se preocupe muito. Minha mãe vai fazê-lo enxergar a verdade." "Acho tudo isso um pouco ardiloso", retruquei .

"Você tem que aproveitar a oportunidade quando ela aparece", continuou Joshua .

"Espero que isso não crie uma barreira ainda maior entre sua família e eu", eu disse. 'Eu detestaria que esse encontro casual azedasse. Também estou ciente de que seu pai pode dificultar sua vinda para morar comigo. Ele pode ver isso como uma afronta à sua autoridade, uma atitude ousada e desrespeitosa que ele talvez não aprecie.' ' É provável que as coisas se acirrem um pouco quando ele souber disso; minha mãe ajudará a apaziguar os ânimos, tenho certeza', disse Joshua com confiança. 'As coisas vão se acalmar, não se preocupe.' Sua frieza diante do que me parecia brincar com fogo foi suficiente para acalmar minha angústia. Um passo em falso e eu poderia colocar nosso relacionamento em risco. Eu teria que ser muito recatada e correta se quisesse causar uma boa impressão, uma impressão que certamente seria comentada nas semanas seguintes .

Nada foi deixado ao acaso. Eu não queria estragar esta ocasião especial, que não poderia ser repetida. Não se tem uma segunda chance para causar uma primeira impressão. Lembrando que a mãe do Josh tinha me visto rapidamente em fevereiro, fiquei pensando o quanto ela se lembrava daquele breve e sincero encontro. Eu tinha bastante tempo para me preparar para não cometer nenhuma gafe, não que eu fizesse isso com frequência; esta noite especial marcaria o início do primeiro capítulo do meu relacionamento com meus futuros sogros e nada iria me atrapalhar . Quem quer que tenha decidido que o segundo domingo de maio seria o Dia das Mães certamente estava em sintonia com a natureza; sem falta, este dia sempre foi um momento bonito, brilhante e ensolarado do mês. Chegamos cedo. A casa de Sérgio e Louisa tinha acabado de ser concluída; os tetos altos em estilo catedral na sala de estar, uma característica fundamental, davam o tom desde o momento em que se entrava. Uma rápida visita à casa me deu tempo para me ambientar, o que incluía saber onde ficava o banheiro mais próximo, caso algo imprevisível acontecesse. Senti um toque de paranoia entrar em meu corpo, mas a ignorei assim que percebi o que estava acontecendo comigo. Nervos, malditos nervos! Sentamos na sala de estar; Joshua e eu dividimos o sofá. Pelo que me lembro, não havia tensão no ar. Enquanto esperávamos o convidado de honra chegar, bebemos vinho branco e conversamos sobre planos de decoração para a casa. A combinação do vinho com a conversa informal sobre ideias de decoração, um assunto com o qual eu me sentia perfeitamente à vontade, ajudou a reduzir a ansiedade que eu tinha sobre o que estava prestes a começar. Não é a Inquisição Espanhola, pensei comigo mesmo; este é apenas um encontro amigável com alguém que está ansioso para me conhecer. *Calma, Richard* , disse a mim mesmo, Roma não foi construída em um dia; contanto que eu não pague mico, tudo estava indo muito bem  .

Nesse instante, a campainha tocou e a porta se abriu. A mãe de Josh chegou carregando sacolas com sua contribuição para a refeição, mesmo que a ocasião fosse em sua homenagem. Fiquei impressionada com sua consideração .

Ela estava tão bonita quanto eu me lembrava dos poucos minutos que nos vimos no início do ano. Vestida com roupas mais casuais do que quando nos conhecemos, ela usava um vestido de seda em tons de rosa, branco e preto. Para completar o conjunto, usava uma jaqueta preta estilo bolero, um colar duplo de contas pretas e sapatos pretos de verniz. Seu cabelo loiro estava preso em um coque, deixando a testa quase toda à mostra, com cachos loiros caindo em cascata até a nuca, de cada lado da cabeça e na parte de trás. Para uma mulher de 49 anos, ela não aparentava a idade; sua maquiagem impecável havia sido aplicada com perfeição. Era óbvio que roupas e aparência importavam, e fiquei feliz por ter escolhido usar minha melhor calça social e camisa de grife .

Ela sentou-se na extremidade oposta do sofá e concentrou-se no centro da sala, não em mim. Fiquei grata por ela ter tido a sensatez de fazer isso. Joshua sabiamente decidiu sentar-se em outro lugar; sentar-se ao meu lado no sofá poderia ter sido um pouco direto demais. Com uma taça de vinho branco na mão, ela fez algumas perguntas para saber mais sobre mim .

A comida foi trazida e colocada na mesa de centro quadrada em frente ao sofá. Havia um prato com queijo, camarões e molho em uma travessa, legumes cortados e molho em uma tigela e uma cesta com biscoitos e pães variados. Eu estava me integrando o máximo que podia; as conversas incluíam uma variedade de tópicos. O que me interessou foi a rapidez com que cada tópico foi abordado; Alguém começava a falar sobre alguma coisa e os outros acrescentavam seus pensamentos. Num instante, a conversa passava para a próxima história; era preciso ser rápido para acompanhar o fluxo e entrar na conversa .Sem perceber, eu estava sendo avaliado de várias maneiras. Eram pessoas bem-educadas, que falavam com calma e se respeitavam mutuamente. Não era muito diferente do que eu tinha experimentado em casa; me senti bastante confortável durante toda a noite. Eu havia sido observado de vários ângulos; havia informações suficientes que poderiam ser obtidas em nossa conversa para permitir uma boa análise desse recém-chegado à família .Naquela noite, sofri outro ataque grave de uveíte. Me disseram que o estresse desempenhou um papel fundamental nas crises. Tudo estava sob controle no trabalho e meu relacionamento com Joshua era tranquilo. Talvez eu tenha subestimado o estresse que estava passando enquanto estava sob os holofotes .Algumas semanas depois, Louisa contou a Joshua que o pai deles havia sido informado dos acontecimentos no Dia das Mães. Ele não ficou totalmente satisfeito. Louisa repetiu as palavras exatas do pai, o que me preocupou:

*Ele nunca mais colocará os pés em nossa casa! Eu fui bem recebido em Sérgio e* Na casa de Louisa, mas não na propriedade da família .

Homens de personalidade forte nunca dizem coisas que não querem dizer. Eu sabia que aquilo era uma conversa séria; não havia como contornar a barreira que ele havia erguido com aquelas palavras inflexíveis. Meu medo não era o de nunca poder fazer parte da família de Josh; eu estava apavorada que Joshua interpretasse aquilo como um sinal para recuar e terminar o relacionamento .

Felizmente, ele me tranquilizou rapidamente. Joshua prometeu não passar o Natal na Flórida com a família no dezembro seguinte. Eu me perguntava se aquelas palavras tinham sido ditas com toda a sinceridade ou simplesmente para me fazer sentir segura em meio à turbulência do momento.

# Emergindo no mundo

Desde que eu era um menino no norte de New Brunswick, sempre quis escrever e publicar. Não sei bem de onde veio esse desejo, mas ele me acompanhou até Ottawa quando, nos meus primeiros anos na cidade, um professor universitário sugeriu que eu publicasse contos que havia escrito para meus alunos de segunda língua. "Audacioso", pensei comigo mesmo; se eu não tentar, nunca saberei se este projeto poderá ser bem-sucedido ou não. Dei sorte com a Gage Publications; a carta de rejeição deles foi a mais gentil que já vi. Com base na análise do material submetido, eles estavam dispostos a prosseguir com a publicação se o Governo de Ontário fornecesse o financiamento para cobrir o déficit. Infelizmente, isso nunca aconteceu; posteriormente, sugeriram que eu contatasse outras editoras, o que fiz quase imediatamente. Uma pequena editora sem fins lucrativos, amplamente financiada pelo governo provincial de Ontário, se interessou e concretizou o projeto no outono de 1982 .

As histórias formam uma coleção de livros infantis para serem usados como auxílio no aprendizado fonético. Tudo começou como uma tarefa enquanto eu concluía um Certificado de Ensino de Francês como Segunda Língua na Universidade do Quebec em Hull. Durante o desenvolvimento, testei os contos com meus alunos da Escola Primária de Gatine au. As crianças ficaram fascinadas pela constante repetição de fonemas; uma delas destacava um fonema por livro. Lancei a coleção de oito livros (Coleção Turlututu) na minha cidade natal, Dalhousie, New Brunswick, diante de um pequeno grupo de amigos e familiares, incluindo minha mãe, minha irmã Claire, minha tia Céline, minha prima Jeanette e um grupo de senhoras, todas amigas da família .

Minha situação financeira estava muito melhor do que antes; agora eu podia fazer pequenas viagens de vez em quando. Meu irmão Phil tinha se mudado para Sarnia, então decidi pegar o trem e passar o fim de semana da Páscoa com ele e sua família. Estar com eles me deu a sensação de estabilidade que eu precisava .

Em uma viagem a Toronto, encontrei meu amigo Shane e seu novo companheiro, Alonzo, que eu estava conhecendo pela primeira vez. Foi um encontro um tanto estranho, já que Shane e eu tínhamos namorado no início dos anos setenta e continuamos amigos. Nos conhecemos no prédio da União Estudantil do campus da Universidade Saint Francis Xavier em Antigonish, Nova Escócia. Criamos um vínculo muito rápido; a música de Mireille Mathieu nos uniu de muitas maneiras. Shane era estudante enquanto eu trabalhava como trainee de gerência para a empresa canadense .

Banco Imperial de Comércio. Depois que nos separamos, mantivemos contato algumas vezes por ano; gostávamos da companhia um do outro e combinávamos de nos encontrar sempre que possível. Quando soube que ele havia conhecido Alonzo e que as coisas estavam indo muito bem, fiquei muito feliz por ele .

Shane merecia estar com uma parceira amorosa; Alonzo era tudo o que ele sempre quis em uma esposa .

No inverno de 1983, comprei minha primeira televisão colorida: com uma tela de 14 polegadas, era um tanto volumosa, exigindo uma prateleira funda para acomodá-la. Logo após chegar em Ottawa, bem no auge da febre da madeira teca, comprei um móvel de parede de três seções. Uma das seções era feita especialmente para acomodar uma televisão. Minha nova televisão encaixou perfeitamente nesse móvel. A maioria dos meus amigos já tinha TV a cores, mas até então, eu simplesmente não tinha dinheiro para comprar uma. Ou eu pagava à vista ou esperava ter o dinheiro para fazer a compra .

Não muito tempo depois, passei a apreciá-la ainda mais quando assisti à gravação de uma entrevista que fiz com Margaret Trudeau, esposa do Primeiro

Ministro. Eu era convidado do programa "Morning Magazine" quando conversamos sobre a Coleção Turlututu. O segmento foi muito curto; não me lembro de muita coisa. O que me lembro com clareza vívida foi a piscadela que Margaret me deu ao vivo. Não tinha certeza se as câmeras a captaram, mas quando fui trabalhar no dia seguinte, era o assunto do momento perto do bebedouro. Em agradecimento pela exposição que me foi dada por este segmento da CTV, autografei e enviei uma cópia da Coleção para a família Trudeau, no número 24 da Sussex Drive, a residência oficial .

Ainda me sentindo um pouco eufórico por causa da entrevista com minha celebridade favorita, fui rapidamente trazido de volta à realidade com um aviso de despejo. O proprietário do número 398 da Chapel Street havia vendido o prédio e todos os inquilinos tinham que desocupá-lo em 30 dias. Que choque! Eu morava lá há cinco anos; nunca tinha pensado em onde gostaria de morar se um dia me cansasse do lugar ou precisasse me mudar. Gostava de Sandy Hill, em parte por causa da proximidade com o centro da cidade .

Com uma taxa de vacância de 3%, encontrar um imóvel para alugar em Ottawa naquela época não era tarefa fácil. Era preciso ser rápido, ágil no telefone e chegar cedo para visitar o imóvel antes que as multidões o atingissem. Mesmo conseguir a primeira visita não garantia que o imóvel ainda estaria disponível quando você chegasse para vê-lo .

O segredo para conseguir um bom apartamento era comprar os jornais locais o mais cedo possível, focar nos novos anúncios e marcar visitas no mesmo dia. A descrição de um apartamento de um quarto.. .

Um apartamento de dois quartos com lareira e piso de madeira em uma casa histórica na Rua Besser me deixou extasiado. Havia até vaga de estacionamento inclusa. A mulher que atendeu o telefone parecia uma dama muito refinada e sofisticada. Ela me disse que eu era o primeiro a ligar e que consideraria os potenciais inquilinos na ordem em que as ligações fossem recebidas. Ela me incentivou a visitá-lo sem demora. Pressentindo que aquele seria o apartamento dos meus sonhos, me vesti a caráter. Imaginei que os proprietários escolheriam um novo inquilino com muito cuidado, já que moravam no primeiro andar daquela elegante residência .

O que descobri com a Sra. Diellar foi igualmente fascinante e surpreendente. A casa deles havia sido construída por Sir Sandford Fleming para sua filha como presente de casamento. Localizada no fundo do jardim, a casa dava para a Rua Besserer, enquanto a casa geminada dos Fleming ficava na Rua Daly. O número 410 da Rua Besserer havia sido dividido em quatro apartamentos. Os Diellar ocupavam todo o térreo desta enorme casa de pedra com colunas brancas e vitrais. Dois apartamentos compartilhavam o segundo andar e uma pequena unidade havia sido construída no sótão da casa. A unidade vaga era a metade da frente do segundo andar .

Para um apartamento de um quarto, era uma unidade grande, com uma sala de estar espaçosa e lareira. A cozinha havia sido adicionada sobre a varanda da frente, logo abaixo. Era pequena, mas grande o suficiente para uma mesa e duas cadeiras. Atrás da sala de estar, ficava a sala de jantar com uma lareira que havia sido condenada anos atrás. O quarto do outro lado do corredor fora construído onde antes ficava a escada. Um closet fora adicionado à parede externa, de modo que um terço do enorme vitral do corredor ficava, na verdade, dentro do closet. A janela continuava até o quarto .

Tive que conter minha empolgação; eu temia que eles aumentassem o aluguel na hora se soubessem o quanto eu queria o apartamento. Preenchi a ficha de inscrição e, em 24 horas, foi confirmado que eu poderia me mudar na primeira semana de maio .

Provincetown estava nos planos para aquele ano; Norman e eu fizemos a longa viagem juntos, enquanto sua esposa, Leon, dirigiu até lá com outros amigos. Tornara-se um ritual anual do Dia do Trabalho, que começara anos antes com Jean-Bélair. Chegávamos para o início da longa semana e desfrutávamos da agitação do final da temporada. Na tarde de segunda-feira, a vila estava muito mais tranquila, pois as pessoas iam embora para voltar para casa a tempo de trabalhar na manhã de terça-feira. Agora quase desertas, as ruas antes lotadas pareciam um tanto monótonas em comparação .

Nos cinco dias seguintes, nossa rotina consistia em café da manhã no convés, almoço na praia de Race Point, drinques às 16h no convés, chá dançante no Boatslip às 17h e jantar às 19h30 em um dos restaurantes sofisticados da cidade. Uma caminhada obrigatória após o jantar era necessária para digerir as fartas porções de comida. Caminhamos por toda a extensão da Commercial Street, entrando e saindo de lojas de novidades, boutiques de roupas, livrarias, antiquários e galerias de arte. Havia estabelecimentos suficientes abertos à noite para que conseguíssemos encontrar novos lugares para visitar todas as noites. Era um deleite visual; os donos das lojas, em sua maioria homens gays, eram mestres em exibir mercadorias da maneira mais atraente possível.

# Transições

Às vezes, era difícil para mim conter a alegria que sentia por estar com Joshua, não que eu precisasse me conter quando ele estava por perto. Era toda a tristeza que nos cercava na época que me fazia sentir que eu era "sortuda demais para o meu próprio bem". A avó de Josh estava muito doente com leucemia, Chris (parceiro do meu amigo Dave em Montreal) teve um tumor cerebral benigno removido, e minha grande amiga Birdie foi informada de que tinha quatro meses de vida. Tudo isso teria sido mais fácil de suportar se não fosse pela miríade de amigos próximos que eram HIV positivos ou tinham AIDS em estágio avançado com inúmeros sintomas .

Joshua estava prestes a completar 30 anos em algumas semanas; eu podia sentir que não era um momento feliz para ele. Todo ano, no aniversário dele, ele ficava deprimido, ou pelo menos era o que ele me dizia. Para tentar animá-lo, fomos fazer os preparativos da viagem para a Europa no outono .

Para piorar a situação, o casamento de Louisa, em junho, estava se aproximando rapidamente e Joshua estava tenso. Teria sido totalmente inapropriado da minha parte estar lá como acompanhante de Josh, já que, na verdade, eu não conhecia nenhum dos parentes e amigos que estariam presentes. Haveria tempo nos anos seguintes para conhecer os parentes de Josh em um ambiente mais agradável .

Ironicamente, eu também fui convidado para um casamento ao qual Joshua não compareceria. Meu irmão Danny me ligou para perguntar se eu aceitaria ser um dos padrinhos do casamento dele, em novembro do ano seguinte. Compareci ao casamento em Frederick sozinha .

Silenciosamente, comecei a esvaziar as gavetas para abrir espaço para o Josh. Pela primeira vez na vida, eu dividiria o apartamento com outras pessoas; algo que eu desejava há muito tempo, mas a ideia me aterrorizava. O que aconteceria se não desse certo? Seria difícil chegar a um acordo? Abrir espaço para o Joshua estava me ajudando a aceitar o fim de um longo capítulo da minha vida; morando sozinha desde 1978, certamente adquiri alguns hábitos difíceis de abandonar, entre eles o de acumular coisas. Assim como as pessoas que viveram na década de 1930, quando a escassez de alimentos e suprimentos atingiu seu ápice, desfazer-se de qualquer coisa útil era um sacrilégio digno de ser relatado na hora da confissão. Enquanto eu abria espaço para Josh, propositalmente encontrava novos lugares para guardar coisas das quais eu não podia, ou não queria, me desfazer. Assim, os espaços atrás de cada móvel e os cantos mais distantes dos armários eram usados para armazenar inúmeras "coisas" de utilidade duvidosa .

Apenas treze dias antes do casamento de Louisa, a avó paterna faleceu. Havia tristeza nos olhos de Josh, embora ele tenha contido o dilúvio de lágrimas que mais tarde derramou em particular .

banheiro. Minha tristeza vinha do fato de que eu nunca teria o prazer de conhecê-la. Ela tinha sido uma parte tão importante da vida de Josh; teria sido revelador conhecê-la. Ela partiu com poucos sinais de alerta; talvez ela sentisse que sua doença atrapalharia a ocasião especial. Dias depois, foi confirmado que ela não estava se sentindo bem e não gostaria que o foco estivesse nela .

A frequência e a gravidade da uveíte no meu olho direito começaram a diminuir; descobri os benefícios da acupuntura como tratamento complementar. Para minha surpresa e espanto, o alívio, embora temporário, foi um passo na direção certa. Meu corpo estava se curando de maneiras que nunca havia acontecido antes. O peso sobre meus ombros havia sido removido quando deixei o cargo de gerência que ocupei por quase dois anos. E embora minha chefe, Joanna, tenha chorado quando anunciei minha iminente saída de sua divisão, eu não sentia nenhum remorso. Ela havia sido parte do problema o tempo todo. Perfeccionista com um forte senso de dever, nunca lhe ocorreu que meus problemas de saúde haviam sido agravados pelo estresse, criado em parte por seu desejo de impressionar seu chefe. Nunca antes havia notado a correlação direta entre meu nível de estresse e o número e a intensidade das minhas crises de uveíte. Eu a controlava ou ela me controlava; eu definitivamente queria vencer essa batalha, mas levaria muitos anos para dominá-la .

Antes de começar o novo emprego, decidi fazer uma viagem a Dalhousie para ver meu pai. Ele ligou para dizer que minha irmã Claire e meu irmão Danny os visitariam no início de julho e que seria ótimo se eu pudesse estar lá ao mesmo tempo. Annamaria, a noiva de Danny, também estaria em Dalhousie. Como eu ainda não a conhecia, essa era uma boa oportunidade para conhecê-la melhor antes do casamento .

A saúde debilitada do meu pai foi motivo suficiente para viajarmos para Dalhousie; ele estava ficando frágil e seria questão de meses até que precisasse ser internado em um asilo. De volta a New Brunswick, a saúde de Geoffrey também era muito precária; ele se agarrava à vida, mas era evidente que precisava de toda a sua força para não desistir . Não havia como escapar da doença; ela me cercava onde quer que eu estivesse, em Ottawa ou em Dalhousie. Meus problemas de saúde, em comparação, eram menores; eu não ousava reclamar da minha situação na presença de outros que sofriam muito mais do que eu .

Quando o bom Deus fecha uma porta, em algum lugar Ele abre uma nova .

janela. Para mim, essa era a presença de Josh na minha vida. Por mais sombrio que fosse naqueles dias, a leveza e o conforto de Josh foram suficientes para me ajudar a atravessar esses tempos ileso.

# A escapadela em Burlington

A sensação de confinamento em fevereiro é um evento anual para mim, e 1984 não foi exceção. Passar o inverno sem uma pausa é como correr uma maratona de 10 km sem uma garrafa de água. Eu estava determinado a sair da cidade; uma mudança é tão boa quanto um descanso, pensei comigo mesmo. Não precisava ser uma viagem para um local exótico; bastava oferecer um novo horizonte, algo diferente da rotina diária .

Meu gosto por viagens de carro com menos de quatro horas me ajudou a focar nas possibilidades. Usando uma bússola e centrando-me em Ottawa, havia possibilidades ilimitadas para excursões curtas, mas muitos destinos ofereciam pouco apelo. Os destinos americanos eram mais atraentes. "Burlington, Vermont, então", pensei comigo mesmo .

"Qual o propósito da viagem?", perguntou o agente da Patrulha da Fronteira. "Esquiar", respondeu Norman. "Vamos alugar nosso equipamento em Burlington", acrescentou Norman rapidamente ao notar a carranca no rosto do oficial .

"Você acha mesmo que ele acreditou em nós?", perguntei. "Não há um grama de neve no chão e viemos sem nenhum equipamento ." "Bem, estamos nos EUA agora", disse Norman. "O importante é que cruzamos para Vermont sem problemas. Ele nunca saberá o verdadeiro motivo de termos vindo para cá." "Por que viemos para cá?", perguntei em tom de brincadeira .

'Só dirige e cala a boca', disse Norman, olhando fixamente para as colinas onduladas de Vermont. 'O que tem em Burlington?' 'Não muita coisa', respondi. 'Tem um bar gay que a gente devia dar uma olhada .

Com a nossa sorte, vai estar fechado ou ter se mudado para um lugar desconhecido.' 'Vamos ser positivos', disse Norman. 'Isso é uma aventura. O que tiver que acontecer, acontece. É improvável que o príncipe encantado more em Burlington, mas a gente nunca vai saber a menos que vá procurar.' 'Desisti de relacionamentos à distância, principalmente os que atravessam fronteiras', eu disse. 'Na maior parte das vezes, os homens americanos são charmosos; Nem mesmo o garoto-propaganda dos cigarros Camel seria suficiente para me fazer querer começar outro caso com um estrangeiro. ' Você acha que algum dia encontrará alguém que atenda às suas expectativas?', perguntou Norman .

'Eu sei que estabeleci padrões muito altos para um parceiro', eu disse. 'Para um relacionamento de longo prazo funcionar, tem que haver muito mais do que atração física. *Beleza é mais do que aparência,* como minha mãe costumava dizer. Até o dia em que eu encontrar a pessoa certa, viverei sozinha. Se levar anos, que assim seja. Se nunca acontecer, viverei com as consequências.' Sem que eu soubesse, as pessoas em Ottawa achavam que eu era 'exigente demais'. Eu tinha uma reputação! Meus pais sempre insistiram no 'O melhor' em tudo. Nada menos que isso seria aceitável para mim, fui criado assim. Assistindo Jayne Torvill e Christopher Dean patinando ao som de "Bolero" nas Olimpíadas de Inverno e conseguindo notas 6 perfeitas, me ocorreu que, para duas pessoas serem tão próximas, a sincronização tinha que ser impecável. Vejo nossos relacionamentos de maneira muito semelhante. Como em "Bolero", o ritmo começa bem devagar e vai aumentando. A vida se desenrolaria da mesma forma, mas seria mais fácil se os parceiros fossem bem compatíveis .

Chegamos a Burlington em menos de uma hora depois de cruzar a fronteira. Sem saber qual das muitas saídas pegar, escolhemos a que dizia "Centro". Por volta das 16h, encontramos o bar gay que procurávamos, com base em informações de um antigo Guia Gay de Damaron. Estava fechado, mas havia pessoas lá dentro — músicos ensaiando para uma apresentação, sem dúvida. Nossa presença na porta não passou despercebida. Um jovem veio nos cumprimentar e informou que o bar abriria às 18h. Explicou que haveria música ao vivo à noite; deveríamos voltar para assistir ao show. Quando perguntamos se aquele era um bar gay, nos disseram que o local estava sob nova administração e não atraía mais esse tipo de público. Ele nos indicou outro bar no centro da cidade .

De volta ao carro, dirigimos até o motel onde tínhamos reservado o quarto. No caminho, comentei sobre a boa aparência do rapaz, ao que Norman concordou. Desempacotamos rapidamente e saímos em busca de um restaurante decente no centro da cidade. Fomos até a Pearl Street, uma das principais vias do centro de Burlington. Havia amplo estacionamento na Cathedral Square; deixamos o carro lá e caminhamos pela Pearl até encontrarmos um restaurante familiar discreto .

Ficamos no café tempo demais, mas não nos pediram para sair. Era muito cedo para procurar o novo bar gay que havia aberto recentemente no segundo andar de um estabelecimento no número 109 da Pearl Street. O rapaz que havíamos conhecido antes nos garantiu que era o lugar mais badalado de Burlington; Não havia outras opções . O Pearl Street Bar estava praticamente vazio quando chegamos. O lugar começou a encher depois das 23h. Ficamos no bar bebendo cerveja e observando os moradores locais. De vez em quando, olhares curiosos se fixavam em nós. Será que éramos tão óbvios assim? Será que tínhamos a inscrição "estrangeiros" na testa? Ou seríamos "carne fresca" em uma cidade onde a maioria das pessoas já não se conhece direito? Em meio à multidão, Norman se destacava; seu sorriso e lindo cabelo loiro atraíam a atenção por onde passava. Ele era irresistível! Talvez fosse atraente demais; conseguia intimidar até os mais ousados. Mas estávamos sozinhos; ninguém veio conversar conosco .

Quando estávamos pensando em ir embora, o jovem músico do outro bar entrou. Nos viu em segundos e foi direto até onde estávamos .

"Oi, meu nome é Justin. Conheci vocês mais cedo no outro bar. Achei que ia ver vocês em uma das nossas apresentações!", disse ele .

"Meu nome é Richard e meu amigo é Norman", respondi. "Desculpe, não tínhamos certeza se encontraríamos o lugar depois de escurecer." Fomos até a Rua Pearl para encontrar um lugar para comer não muito longe dali .

'De onde vocês são?', perguntou Justin .

'Somos canadenses de Ottawa', respondeu Norman. 'Desculpe por ter perdido o show de vocês. Tinha muita gente?' Nos minutos seguintes, soubemos que Justin estava se apresentando com sua irmã Sheila em vários lugares da Nova Inglaterra. Eles tinham um pequeno grupo de admiradores. Como qualquer grupo musical, a esperança deles era fazer sucesso; em Nashville ou em outro lugar. Burlington não tinha tido muito sucesso, mas, mesmo assim, eles foram pagos para se apresentar, embora poucas pessoas tenham comparecido às suas duas apresentações. Quanto mais eu ouvia Justin, mais intrigado ficava com aquele jovem cheio de energia e determinação. Masculino, porém sensível, ele dedicava toda a sua atenção a nós. Estava interessado em saber por que tínhamos viajado para Vermont. Pela primeira vez, não precisamos dar uma aula de geografia para um americano; ele sabia muito mais sobre o Canadá do que a maioria de seus compatriotas. Nunca tinha estado em Ottawa, mas já havia visitado Montreal e Toronto em diversas ocasiões .

Aos poucos, as pessoas foram saindo do bar, pois estava ficando tarde. Sinalizei para Norman que era hora de irmos embora; Justin captou meu sinal não verbal e perguntou onde estávamos hospedados . Nosso quarto ficava a poucos passos do deles, no Travelodge. Até altas horas da madrugada, Justin e eu conversamos. Ele foi muito aberto e sincero sobre sua vida, sua família, suas aspirações e seu sonho de chegar à liga principal. Senti-me apaixonando por um americano mais uma vez; foi difícil me conter .

Nunca foi fácil para mim me controlar; Justin era a personificação de um homem a caminho do sucesso e eu queria seguir seus passos.

# 'Gaydar' quebrado

Joshua conheceu meu irmão Phil, que estava em Ottawa para um fim de semana. Eles se deram muito bem, como eu esperava .

Phil estava passando por um momento difícil; a separação era iminente. Ele precisava conversar e eu o ouvi e o apoiei durante todas as nossas conversas. A vida tinha sido boa para ele até então; ele não imaginava que um dia chegaria ao ponto sem volta em um relacionamento que tinha sido tão forte desde o início. Devastado pela triste reviravolta dos acontecimentos, ele chorou por curtos períodos antes de se recompor. Ele sentia que havia falhado; para uma pessoa acostumada a estar no percentil superior de tudo o que tentava, isso estava se provando seu Santo Graal .

Ao crescer, Phil demonstrou todas as habilidades necessárias para ter sucesso. Eu admirava sua capacidade de alcançar cada objetivo que estabelecia. Ele havia se tornado o exemplo a ser seguido, o modelo a ser imitado. Meus pais estavam muito orgulhosos de seu primeiro filho; ele raramente os decepcionava. Maduro para a sua idade e sábio como uma coruja, ele parecia ter tudo. Eu sentia muita pena dele. Foi difícil para mim vê-lo passar pelo que certamente foi seu primeiro grande revés. Ele o veria como um fracasso ou como um evento indesejável em sua, até então, impecável existência? Se apaixonar-se pode levar a coisas tolas, desapaixonar-se também pode levar a escolhas imprudentes ou prejudiciais. Minha aposta era que ele se recuperaria após um período de luto .

Quase ao mesmo tempo que o término do Phil, minha melhor amiga, Mary, que havia se separado recentemente do marido, Rocky, me confidenciou que achava que era lésbica. Minha reação inicial foi de choque. Mary e eu nos conhecíamos há dez anos; tínhamos nos tornado boas amigas. Eu achava que a conhecia bem, mas essa revelação foi uma surpresa enorme .

"Você não está falando sério", eu disse .

"Sim", respondeu Mary. "Tenho lido muito sobre a vida gay; estou cada vez mais convencida de que sou gay!" "Poderia ter me enganado", eu disse. "Nunca imaginei que você pudesse ser lésbica. Seu relacionamento com o Ricardo foi turbulento, mas eu tinha certeza de que só um homem poderia te interessar." 'Não estou dizendo que não estou interessada em mim', acrescentou Mary, 'só estou dizendo que um relacionamento com uma mulher seria muito mais simples.' 'Certamente, você não está se voltando para mulheres simplesmente porque isso tornaria os relacionamentos mais fáceis?', perguntei .

'É apenas um detalhe. Eu realmente não sei ao certo se um relacionamento com outra mulher daria certo; estou disposta a tentar se encontrar a pessoa certa', disse Mary com uma confiança recém-descoberta .

Droga! Eu achava que meu "radar gay" funcionava perfeitamente. Como pude não perceber isso? Como o filho e a filha dela lidariam com isso? Quando você pensa que já viu de tudo, o cara lá em cima te manda mais coisas novas para lidar. Morte, doença, separação, divórcio e pessoas aparentemente heterossexuais se assumindo gays eram mais do que eu conseguia suportar. Graças a Deus, Joshua estava na minha vida. Eu podia ficar perto dele e sentir o chão firme sob nossos pés. Ele era meu alicerce em um momento em que eu mais precisava .

Boas notícias vieram na forma de uma mensagem eletrônica (antes e-mails) informando que meu novo supervisor havia concordado com a licença de um mês que eu havia solicitado para que Joshua e eu pudéssemos fazer aquela viagem para a Europa. Essa aprovação confirmou que o negócio estava fechado e que nada nos impediria de realizá-lo, a menos que o pai de Josh encontrasse um jeito de sabotar nossos planos. Como não havia indícios de que tal medida estivesse sendo cogitada, parecia que tínhamos sinal verde para nossa viagem .

Mary havia começado a tomar medidas para ver em primeira mão o que a comunidade gay estava fazendo em Ottawa. Ela me convenceu a levá-la ao Centre Town Pub, na Somerset Street. Embora fosse um reduto predominantemente masculino, com indivíduos hipersexualizados e com pouca experiência sexual, o lugar estava repleto de todos os tipos de pessoas na noite em que decidimos ir. Era incomum ver mulheres lá, mas naquela noite Mary conseguiu observar algumas moças elegantes. Ela ficou surpresa com a variedade de tipos e estilos; as lésbicas não se encaixavam todas no mesmo padrão. Algumas eram masculinas, outras femininas; algumas estavam vestidas para trabalhar no campo, enquanto outras eram muito elegantes. De nenhuma maquiagem a maquiagem completa, a gama de opções era impressionante .

Entrou Michael, que me viu sentada ao lado de Mary. Após as apresentações de praxe, Michael me contou que sua nova alma gêmea, Henry, da cidade de Nova York, havia falecido no hospital três semanas após ser internado . Ele estava visivelmente abalado com a morte de Henry. Eles se conheceram na primavera e começaram um relacionamento à distância que parecia estar indo bem. Naqueles primeiros dias da AIDS, muitos não tinham chance de sobreviver; quando recebiam o diagnóstico, a doença já havia progredido a um ponto sem retorno. O AZT, o medicamento preferido na época, não impedia a morte; prolongava a agonia sem nenhum benefício significativo .

Em comparação, meus problemas de saúde eram menores, embora não me parecessem tão insignificantes na época. Perder a visão como resultado de múltiplas crises de uveíte era inaceitável. Tornei-me paciente frequente do Instituto Oftalmológico de Ottawa. No início de agosto, quando a umidade pode ser sufocante, tive outro episódio de uveíte .

Os sinais de alerta eram fáceis de perceber: a parte branca do olho ficou rosada e uma sensação de partículas de areia no olho dificultava o meu conforto. Corri para o Instituto Oftalmológico; fui atendido pelo Dr. Zable, que, poucos minutos após verificar a minha pressão intraocular, decidiu que eu precisava de uma injeção. Sem problemas, não tenho medo de agulhas. Então ele explicou que haveria um agente congelante no globo ocular para que eu não sentisse a agulha! *Puxa, você só pode estar brincando* , pensei. Eu não fazia ideia de que uma pessoa pudesse receber uma injeção no olho .

O tempo de recuperação é de cerca de 12 horas; dormi a maior parte desse tempo. Eu aceitei todos os 222 que eles me ofereceram. Espero sinceramente que isso nunca mais aconteça.

# Mais uma mudança forçada

De novo não! Na segunda-feira de Páscoa de 1984, deixaram um bilhete na minha porta: o prédio de número 410 da Rua Bessere havia sido vendido e os novos proprietários queriam que todos os inquilinos desocupassem o imóvel até 1º de agosto. Nada me foi dito quando me mudei em maio do ano anterior sobre a possibilidade do prédio ser colocado à venda. Se eu soubesse, provavelmente teria escolhido morar em outro lugar; mudar não era a minha ideia de diversão .

Dado que os proprietários eram um casal de idosos, concluí que precisavam vender por motivos de saúde ou que preferiam não ter a responsabilidade por um imóvel tão grande .

Independentemente do motivo da venda, foi muito decepcionante. Encontrar acomodações adequadas em Ottawa sempre foi um pesadelo e, durante o tempo em que morei na Rua Besser, a disponibilidade de imóveis para alugar caiu a tal ponto que encontrar um apartamento era como procurar uma agulha num palheiro .

Diante das perspectivas sombrias de encontrar um apartamento com personalidade, em uma boa localização e com um aluguel mensal razoável, considerei a compra de um imóvel pela primeira vez. Com a ajuda de um corretor de imóveis muito paciente , examinei todos os tipos de propriedades no mercado. Os conselhos que recebi me levaram a crer que um imóvel para renda era minha única esperança de comprar algo acessível. Sem a menor habilidade para consertar qualquer problema que pudesse surgir em qualquer uma das unidades de aluguel, logo percebi que essa opção não fazia o menor sentido. Minha única esperança era comprar algo pequeno e longe do centro da cidade, pelo qual eu era tão atraído .

Dyanne, minha corretora de confiança, me convenceu a considerar casas geminadas em condomínio. O que levaria um homem gay solteiro a comprar uma casa geminada no subúrbio, em meio a um mar de heterossexuais? Minhas parcas economias, que haviam sido reservadas para uma futura viagem à Europa com meu amigo André, tiveram que ser usadas para a entrada. Eu estava ansioso por essa viagem há algum tempo; André era um viajante experiente e acompanhá-lo em minha primeira viagem fora da América do Norte me daria a segurança que eu tanto almejava. Tudo foi em vão. Não haveria viagem à Europa; encontrar acomodações adequadas tornou-se minha prioridade máxima, a frivolidade teria que esperar .

Michael me encorajou e apoiou durante todo o processo de licitação; em sua opinião, o mercado imobiliário era a chave para acumular riqueza. Quando finalmente adquiri a unidade 102 no número 3260 da Southgate Road, ele ficou mais animado do que eu, prometendo me ajudar na mudança. Cada centavo disponível foi gasto na compra .

pagamento; eu não tinha fundos para cobrir os custos da mudança. Michael reuniu um grupo de amigos e, em poucas horas, todos os meus pertences estavam na casa .

Depois que todos foram embora, sentei e chorei. O que eu tinha feito? Parecia tão bonita quando a visitei durante a visita aberta! O quarto principal tinha sido pintado de rosa choque; eu teria que conviver com isso, pois não tinha dinheiro para começar a reforma. Quanto mais tempo eu ficava naquela casa, mais percebia que tinha cometido um erro grave .

A planta do apartamento era padrão. Ao entrar na casa, o corredor do térreo tinha uma escada à direita. À esquerda ficava a cozinha e, da cozinha, havia acesso à sala de jantar. No final do corredor, ocupando toda a largura do apartamento, ficava a sala de estar, que se abria para a sala de jantar. Todos os três cômodos do térreo tinham grandes janelas com vista para um pequeno quintal cercado, minúsculo, onde nada crescia; as árvores altas do outro lado da cerca

Seems

proporcionavam muita sombra, mas deixavam a luz natural dentro de casa bem fraca. No segundo andar, todos os três quartos também tinham janelas voltadas para o quintal e estavam dispostos como em um trailer, todos enfileirados. Este lugar jamais chegaria às páginas da Architectural Digest! Durante o mês de agosto, meus pais vieram me visitar trazendo presentes de boas-vindas. Eu finalmente tinha me instalado; Os presentes podem ter sido uma forma de me dizerem que estavam orgulhosos por eu ter feito um grande investimento financeiro em troca de segurança e um investimento a longo prazo. Ter a própria casa sempre fora a coisa certa a fazer; eles nunca tinham sido inquilinos, pois construíram a primeira casa logo depois de se casarem. Meu pai tinha pouca ou nenhuma habilidade para trabalhos manuais, mas mesmo assim conseguiu manter uma casa por muitos anos. Eu não aprendi muito com ele além da capacidade de encontrar as pessoas certas para consertar o que quer que precisasse de atenção .

A pedido de Norman, no final de agosto, fomos de carro até Dalhousie para um fim de semana encantador. Ele estava precisando muito de uma visita à família e insistiu para que eu o acompanhasse, argumentando que meus pais iriam viajar pela Europa, onde sempre havia a possibilidade de resultados inesperados e desagradáveis. Temendo o pior, concordei em acompanhá-lo na longa viagem de volta para as Províncias Marítimas. Minha visita surpresa foi um sucesso e voltei para casa me sentindo bem .

Para chegar ao centro da cidade a partir da minha casa, levava de 20 a 25 minutos; Não havia rotas diretas. Meus amigos reclamavam do tempo que levavam para chegar à minha casa e, aos poucos, pararam de vir. Meu isolamento estava me consumindo. Em um ano, coloquei o imóvel à venda e voltei para a "civilização". Nunca me arrependi daquele ano nos subúrbios. A única coisa boa que saiu disso foi que agora eu tinha economias que investimos cuidadosamente para o futuro . Mais uma vez, eu podia viajar; poucas semanas depois da venda, Norman e eu estávamos a caminho de nossa viagem anual para Provincetown. Eu não tinha conseguido fazer essa viagem no ano anterior por causa dos compromissos financeiros relacionados à casa. Tudo isso ficou no passado; eu havia encontrado um apartamento maravilhoso bem no centro da cidade. Eu me mudaria logo após as férias em Cape Cod .

Cada viagem a Provincetown era memorável; sempre havia muitas surpresas. O que tornou esta viagem particularmente ótima foi nossa parada em West Yarmouth para visitar Justin, que havíamos conhecido em Burlington, e sua irmã Sheila, que se apresentava lá. Foi um reencontro feliz, ainda mais especial porque conhecemos seus pais, que vieram assistir ao show. A filha de Sheila, Laurie, também estava com eles. Uma criança linda e carinhosa, gostamos dela instantaneamente .

O Halloween é para os gays o que o Natal é para as crianças. Eu não sou fã de fantasias, e todos os anos recusava convites para festas onde se fantasiar era obrigatório. Norman estava no extremo oposto do espectro; Ele adorava vestir um vestido sempre que havia uma ocasião para isso. Ao longo dos anos, ele se vestiu de mulher; chegou até a convencer Leon a se juntar a ele. Juntos, compraram vestidos de noite incríveis e se vestiram a caráter em diversas ocasiões. Com suas habilidades em penteado e maquiagem, em poucas horas, Norman conseguia se transformar em uma mulher atraente. Suas transformações eram tão convincentes que ele ganhou o primeiro prêmio em uma festa de Halloween em Sacsédio, vestido como Sua Majestade a Rainha Elizabeth II. Ele pesquisou cada detalhe, costurou cada ponto de seu elegante vestido de baile branco e penteou sua peruca para ficar exatamente igual à da Rainha. Era como ele mesmo dizia: "Uma rainha parecendo a Rainha!" A pedido de Norman, finalmente cedi e concordei em fazer drag completo, mesmo que apenas uma vez na vida. Ele ficou encarregado de encontrar todos os acessórios necessários; de jeito nenhum eu me ofereceria para fazer isso. Ele estava animado com as perspectivas; um vestido longo de poliéster bege e preto na altura do joelho foi comprado na loja do Exército da Salvação. Não houve problema em conseguir uma peruca, já que ele era cabeleireiro e tinha muitas .

guardadas num baú. Só os sapatos eram um problema. A loja de artigos usados Saint Vincent de Paul era conhecida por ter sapatos de tamanhos grandes, segundo Coco Paradise; Norman encontrou exatamente o tamanho que eu precisava. Às 18h da noite de Halloween, a transformação começou. Tudo ia bem até chegar a hora da maquiagem; quando Norman começou a aplicar as camadas que eventualmente dariam um novo visual, a sensação daquela meleca no meu rosto foi o que achei mais desagradável. Quando ele finalmente terminou o trabalho, olhei-me no espelho e fiquei espantada. Eu não me parecia comigo mesma; ninguém adivinharia que era eu, a menos que eu abrisse a boca. A caminho de uma festa que acontecia no porão da casa de um amigo, paramos para buscar algumas outras pessoas. Os comentários foram positivos, mas eu me sentia como uma prostituta . Logo percebi que o fato de não poder ser identificada me dava uma nova identidade, livre para fazer o que quisesse. Decidi seguir o olhar que Norman me lançou; travessa seria o meu lema para a noite. Fiz coisas que jamais teria feito sem o disfarce. Foi tão divertido ser uma pessoa diferente, mesmo que por apenas algumas horas. Já tinha feito coisas impróprias quando bebia um pouco demais, mas nesses casos, as pessoas me conheciam e não se impressionavam com o meu comportamento travesso. Isso foi muito diferente .

Agora tudo fazia sentido para mim, o porquê de as pessoas escolherem fazer drag; é uma fuga maravilhosa da realidade com poucas consequências. Se se divertir significava querer esse tipo de mudança temporária, quem era eu para questionar? Minha visão sobre as pessoas que faziam drag mudou radicalmente nos dias seguintes.

# Um Lugar Proibido

Quando alguém diz que você nunca vai pôr os pés na casa dessa pessoa, você acredita. O pai do Josh tinha sido categórico. De jeito nenhum ele me aceitaria como convidado na casa da família. Isso foi um pouco doloroso, mas decidi que não perderia o sono por causa disso. Não havia nada que eu pudesse fazer; Joshua também não tinha poder para nada .

Então, quando recebi o convite de Joshua para um churrasco na casa dos pais dele, tive certeza de que ele estava brincando .

"Você não pode estar falando sério, Josh", eu disse . "Estou falando sério", ele disse. "Meus pais estão viajando e não vão saber que você esteve aqui .

" "Isso não é um pouco perigoso?", acrescentei. 'E se eles mudarem de ideia e voltarem para casa mais cedo do que o esperado?' 'Eles estão fora da cidade para o fim de semana. Não espero que voltem antes de domingo à noite', disse Josh. 'Quando vão para Quebec City, ficam o fim de semana inteiro. Eles têm muitos amigos lá e realmente apreciam o charme da cidade antiga.' Quando você mora em um apartamento e alguém te convida para um churrasco, é um verdadeiro mimo. Joshua havia decidido servir bifes com batatas gratinadas e vagem. Eu não sabia na época, mas descobriria muito mais tarde que essa era uma refeição que sua mãe fazia com bastante frequência. Fiquei fascinado com a sua habilidade em fazer churrasco, algo que eu desconhecia completamente. Fiquei encantado com a simpatia e as habilidades culinárias de Josh. O churrasco correu sem problemas .

Nossa data de partida para a Europa se aproximava a cada semana que passava. Percebi que Joshua estava ficando nervoso com a viagem; não era tanto o que ele dizia que me preocupava, mas sim a falta da calma que sempre o acompanhava. Eu não o considerava uma pessoa nervosa; ele sempre estava no controle da situação. No entanto, essa longa viagem parecia afetá-lo de maneiras que eu não conseguia entender. Perguntar-lhe diretamente sobre suas preocupações provavelmente resultaria em um olhar vago. No fim, decidi que o que quer que o estivesse incomodando era problema dele, não meu .

Juntos, procuramos depósitos para a coleção de música do Josh. Buscamos online e em lojas locais por armários para guardar sua enorme coleção de CDs, livros e LPs. Para minha surpresa, nossos gostos eram muito parecidos; gostávamos dos mesmos estilos e nos sentíamos atraídos pelas mesmas cores. Isso facilitou o planejamento do nosso " quarto de hóspedes", que abrigaria a coleção de música do Josh, juntamente com o equipamento de som e a televisão. Em termos de metragem quadrada, este quarto era maior do que o que eu havia escolhido para ser o quarto principal, já que a luz natural era melhor no menor dos dois .

A cada decisão que tomávamos, eu me sentia muito mais próxima e conectada ao Josh. Embora ele ainda não tivesse se mudado, era do meu interesse envolvê-lo em todas as decisões referentes à disposição dos móveis . De certa forma, eu estava deixando-o ir e permitindo que ele ocupasse o seu lugar de direito no que seria o nosso lar por mais 13 anos, embora na época não tivéssemos ideia de quanto tempo ficaríamos no número 250 da Rua O'Connor .

Nos meus primeiros dias como Consultora de Recrutamento na Comissão de Serviço Público, finalmente aprendi a levar a vida com calma, mesmo trabalhando duro e com um ritmo exaustivo. Meus colegas de trabalho, muitos dos quais eram funcionários do mesmo nível, eram todos muito agradáveis e amigáveis. Um grande projeto foi iniciado quando cheguei à unidade de trabalho; todos os funcionários foram obrigados a se envolver. Uma mudança na legislação trabalhista exigiu que sessões de treinamento fossem oferecidas à equipe operacional em todos os departamentos governamentais para que pudessem aplicar a nova estrutura regulatória. Fomos incumbidos de elaborar os materiais de treinamento e, em seguida, ministrar as sessões de Halifax para Vancouver. Foi uma tarefa gigantesca que exigiu de oito a dez meses de trabalho .

Finalmente, eu estava em um emprego que me servia perfeitamente. Era o paraíso. Eu tinha menos crises de uveíte e elas eram menos intensas. Até mesmo meu eczema havia melhorado, pela primeira vez em mais de 20 anos .

Naquela época, Joshua também fazia um trabalho interessante. Ele projetava casas para serem construídas por uma das muitas empresas de seu pai. Todas as noites, ele chegava com as plantas; sentávamos juntos e eu dava meus comentários com base nas minhas habilidades em design de interiores. Quando a disposição de um cômodo dificultava a criação de uma planta razoável e funcional, analisávamos para ver o que poderia ser feito para melhorar a circulação, alterando portas, adicionando ou removendo paredes ou partes delas. Sem perceber, estávamos, inconscientemente, projetando uma casa para nós mesmos. Nunca conversávamos sobre isso; sabíamos que ter uma casa própria era um sonho distante. Será que ele sonhava com as mesmas coisas que eu?

# Retorno à civilização

A busca por acomodações no centro começou no minuto em que descobri que a casa geminada havia sido vendida. Como uma criança em uma loja de doces, considerei várias unidades disponíveis, a maioria mais cara do que eu podia pagar. Acabei optando por um apartamento de dois quartos no primeiro andar de uma casa mais antiga na Gilmour, perto da Bay. No segundo andar, havia dois pequenos apartamentos de um quarto .

Vista do leste, esta casa branca com telhado de duas águas parecia estar ali há anos e precisar de alguns reparos. Uma varanda que circundava o apartamento e janelas tipo mansarda no segundo andar davam um charme antigo que me atraiu. O quintal era grande o suficiente para acomodar vários carros; isso era de suma importância ao alugar um imóvel no centro da cidade .

Eu estava animada para voltar a morar no centro, mas não muito entusiasmada com o apartamento para o qual estava prestes a me mudar. Era acessível, sem dúvida, mas faltava-lhe o requinte do 410 Besser. Poucos edifícios se comparariam à pura importância daquele prédio histórico. Encontrar algo semelhante era impensável, principalmente no final do verão, quando os estudantes voltam para a cidade e já alugaram a maioria, senão todos, os lugares decentes da cidade.

As palavras de incentivo de Norman me ajudaram até certo ponto. "Você fez maravilhas com aquele apartamento decadente no 398 Chapel, você vai fazer este novo lugar parecer *maravilhoso!*" Sua confiança em minhas habilidades foi reconfortante; no entanto, não era o apartamento prestigioso que eu esperava .

A caminho de uma consulta no prédio médico na esquina das ruas MacLaren e O'Connor, notei um prédio antigo de três andares sem elevador que havia sido reformado. Por curiosidade, entrei para ver o apartamento modelo localizado no canto sudeste do segundo andar. O que me impressionou imediatamente foram os pisos de madeira reluzentes, os tetos com molduras e as janelas com vitrais em todos os cômodos, incluindo a cozinha e o banheiro. Perguntei se o apartamento modelo ainda estava disponível e, para minha surpresa, estava. O que realmente me chocou foi o valor do aluguel, significativamente maior do que o apartamento que eu havia alugado na Rua Gilmour .

Os cômodos eram espaçosos, especialmente a sala de estar e a sala de jantar. O único inconveniente era a minúscula cozinha estreita, uma concessão que eu estava mais do que disposta a tolerar pelo prazer de estar em um ambiente luxuoso. Me peguei pensando em morar no número 250 da Rua O'Connor. Só o endereço já me parecia mais atraente do que o 518 da Rua Gilmour. Connor Court tinha uma ressonância real em seu nome; minha mãe sempre brincava conosco sobre sermos de sangue real. Isso seria o mais perto que eu chegaria de viver uma vida real! Michael me ajudaria a decidir se essa era uma boa ideia; ele conhecia o mercado imobiliário e era financeiramente astuto. Ele me diria se isso fazia sentido ou se eu estava sonhando acordado. Expliquei a ele meu dilema. Como eu sairia de um contrato de aluguel assinado? Como havia muitas outras pessoas querendo o mesmo apartamento, o proprietário concordou em oferecê-lo à próxima pessoa da lista, sem me cobrar por quaisquer despesas que ele pudesse ter tido. Fiquei muito grato a ele .

Como esperado, Michael tinha todas as respostas. Em questão de minutos, ele elaborou um plano de ação infalível que abordaria todas as minhas preocupações. Ele estava convencido de que eu não ia querer sair do 250 O'Connor tão cedo, e que isso por si só já seria uma economia, já que eu normalmente me mudava de um lugar para outro a cada três ou quatro anos, o que me custava uma pequena fortuna cada vez. Esse tipo de pensamento previdente não era natural para mim, mas a capacidade de Michael de fazê-lo me ajudou muitas vezes. Suas habilidades de gestão empresarial me impressionaram; se eu continuasse amigo dele, talvez suas habilidades me contagiassem, ou pelo menos era o que eu esperava .

No sábado, 14 de setembro de 1985, mudei-me para o 250 O'Connor, apartamento 11. Assim que todos os móveis e caixas foram colocados...

*Descarregado, abro uma garrafa de champanhe para brindar! Um brinde ao meu novo apartamento neste meu aniversário de 33 anos !*

Morar no centro da cidade significava que eu estava perto de muitos dos meus amigos e conhecidos. Era muito mais fácil planejar passeios, mesmo de última hora. Meu amigo Luke, que também cantava no Coral Masculino de Ottawa, morava na mesma rua, na MacLaren. Nas noites de terça-feira, eu o visitava a caminho do ensaio do coral. Um querido e leal amigo, Luke era um canadense francês tímido de Moose Creek. Ele era magro como um homem pode ser sem parecer doente. Seus olhos azuis e sorriso largo eram suas marcas registradas; ele conhecia muitos na comunidade gay, pois sua gentileza para com os outros era onipresente .

Conheci Jonathan Garbo em uma festa de Natal com vinho e queijo organizada pelo meu colega de coral, Luke. Houve uma conexão instantânea com esse homem lindo, que fazia aniversário em 15 de setembro . Ambos virginianos, tínhamos muito em comum; talvez até demais para que um relacionamento funcionasse a longo prazo. Desde o início, meu pressentimento era de que um relacionamento com Jonathan seria difícil; ele era obstinado, muito atraente e não demonstrava comprometimento a longo prazo. Eu sentia que ele ainda não tinha terminado de aproveitar a vida: eu ia me machucar .

Arriscando tudo, decidi que qualquer coisa que pudesse surgir de um caso passageiro era melhor do que nenhum relacionamento, e então me entreguei de corpo e alma a essa relação nascente que tinha todos os sinais de não ser muito sólida. Era uma união desequilibrada; Eu estava apaixonada por ele, independentemente de ele estar ou não apaixonado por mim. Eu estava me entregando de corpo e alma; nada me impediria .

Jonathan poderia ser descrito como um galã alemão: bonito, inteligente, engraçado e, ao mesmo tempo, sério, engenhoso e impecavelmente vestido. Ele possuía aquele senso de estilo e bom gosto tipicamente alemão, que aplicava em todas as facetas da sua vida. Metódico ao extremo, era um verdadeiro virginiano, um perfeccionista em tudo .

Minha viagem anual a Dalhousie no Natal era emocionalmente exaustiva; fazia um ano desde que minha mãe havia falecido. Havia pouca alegria na casa do meu pai; era preciso toda a minha energia para passar pelas festas de fim de ano. O Natal nunca mais seria o mesmo. Minha mãe era o núcleo da família .

A estadia de cinco dias em Dalhousie foi o máximo que eu conseguia suportar. Eu estava ansioso para voltar a Ottawa, de volta à civilização. Uma grande festa oferecida por Dwayne Warnock na véspera de Ano Novo foi anunciada como o evento social da temporada; eu estava ansioso por ela.

# O outono é para os virginianos.

O Festival de Balões de Ar Quente de Gatineau era um sinal claro de que o verão estava chegando ao fim. Realizado todos os anos durante o feriado do Dia do Trabalho , entusiastas de balões de toda a América e até mesmo alguns da Europa vêm a este belo e colorido evento. Joshua teve orgulho de ser meu guia em minha primeira visita ao Festival. Como membro do Parlamento por Gatineau, o pai de Joshua estava no local do festival todas as manhãs; era inevitável que o encontrássemos por lá. O encontro casual foi breve e cortês; afinal, ele era um político e, como todos os políticos fazem tão bem, cumprimenta as pessoas com toda a dignidade devida, independentemente de seus interesses em quem estão encontrando .

Mesmo que eu soubesse pouco sobre esse homem, teria ficado impressionada com sua presença. Alto, atraente e eloquente, ele tinha uma percepção aguçada do que acontecia ao seu redor o tempo todo. Ele sabia quem eu era, pois já tinha ouvido meu nome e visto minha foto na mesa de cabeceira do Josh, na Flórida. Um ou dois dias depois, encontrei-o novamente na tenda VIP, junto com a avó materna do Joshua. Um pouco mais relaxado dessa vez, percebi que ele estava mais confortável fora da vista de olhares curiosos e indiscretos .

"Essa não é a sua época favorita do ano?", perguntou Josh .

"Com certeza", respondi. "Nasci no outono; a época da colheita para mim significa uma estação de gratidão pela abundância de frutas e verduras da terra." Todo ano, nesta época, vou ao Mercado Byward e compro uma variedade de vegetais e ervas frescas para fazer um molho vegetariano para espaguete. ' Você faz molho de espaguete sem mim?', disse Josh com um toque de sarcasmo. 'Não consigo imaginar sem carne moída.' 'Você vai conseguir, com o tempo', eu disse. 'Eu faço uma grande quantidade todo mês de setembro e congelo em porções duplas, o que dura o ano todo. Em média, uma vez por semana, como uma refeição de massa com meu molho de primavera. Também pode ser usado para fazer lasanha.' 'Nada de lasanha sem carne para mim!', disse Josh. 'Vou pedir para minha mãe fazer um molho de massa com carne para nós.' 'Que legumes e ervas você coloca no seu molho?', perguntou Joshua .

'Depende do que estiver disponível, mas geralmente inclui tomates, pimentões, aipo, cebolas, vagem, abobrinha, berinjela, brócolis, couve-flor, cenouras, cogumelos, bulbo de anis, cebolinhas e alho-poró. As ervas frescas normalmente incluem manjericão, endro, cebolinha francesa e estragão. Para dar um toque especial, adiciono alho, vinho tinto e molho Tabasco à base de tomate.' 'Onde você encontrou a receita?', perguntou Josh .

'Não encontrei; eu inventei!', respondi. 'Nunca é a mesma de ano para ano, pois altero as proporções ou omito alguns dos legumes que normalmente uso.' 'Há quanto tempo você faz isso?', perguntou Josh .

'A tradição começou pouco depois que cheguei a Ottawa', respondi. 'Eu tinha vários bons motivos; ter uma refeição pronta que eu podia tirar do congelador significava que eu não precisava cozinhar todos os dias da semana; os produtos frescos no outono são muito baratos, especialmente se você for ao mercado quando ele abre às 6h30, os vendedores são muito mais generosos nesse horário. Por causa da minha artrite, eu me concentrei em comer mais frutas e verduras e menos carne.' 'Não sei se vou gostar desse molho', disse Josh, 'mas estou disposto a experimentar.' Foi uma verdadeira produção; Eu preparava em média de 40 a 60 porções. Levantava às 6 da manhã, saía de casa carregando quantas sacolas de compras precisasse e ia de carro até o mercado. O peso das sacolas não me deixava outra opção a não ser usar o carro, apesar de o mercado estar a uma curta distância a pé do meu apartamento .

Caminhando de um lado para o outro da praça do Mercado Byward , onde ficavam as barracas, eu verificava o que estava sendo oferecido e a que preço. Comparava a qualidade dos produtos de um vendedor para o outro para obter o melhor custo-benefício. Após a inspeção inicial, começava na extremidade sul da praça e parava nas barracas pré-selecionadas. Quando as sacolas ficaram muito pesadas, corri para o carro para descarregar o que havia comprado até então. Voltando ao ponto onde havia parado, continuei meu caminho até terminar as compras .

Para facilitar para os vendedores, sempre carregava uma sacola cheia de moedas para que as transações pudessem ser concluídas rapidamente. A maioria dos agricultores eram franco-canadenses do leste de Ontário; gostei de conversar com eles sobre seus produtos e sua energia para começar tão cedo pela manhã. Em pouco tempo, eles montaram uma barraca vazia com imaginação e estilo. Tenho certeza de que essas pessoas nunca viram o interior de uma escola de design/merchandising, mas certamente sabiam como apresentar seus produtos .

Europa! Em algumas semanas, estaremos a caminho. Num minuto estava animada, no seguinte, preocupada. Comecei a pensar em vários "e se...". E se a gente se irritasse um com o outro? E se ele descobrisse coisas sobre mim com as quais não conseguisse conviver? E se ele quisesse encurtar a viagem? Eu temia que Joshua desistisse de mim e terminasse o relacionamento num acesso de pânico. Um resultado menos drástico seria adiar nossa convivência, dando a ele mais tempo para decidir .

Seria difícil manter o bom comportamento por um mês inteiro; Joshua certamente veria meu verdadeiro caráter em algum momento. Eu não podia me esconder; não adiantava tentar. A ideia da viagem era avaliar se conseguiríamos ficar juntos 24 horas por dia, sete dias por semana. Sabíamos que haveria momentos estressantes; teríamos que ser os melhores amigos um do outro para superar tudo. " *Qué sera, sera*", eu cantava para mim mesma, como se estivesse sendo consolada pela minha mãe, a pessoa de quem eu mais sentia falta .

Chegou a notícia de que meu pai já estava ansioso por novembro; ele estava ansioso para ver toda a família reunida para o casamento de Danny e Annamaria no dia 14 . O fato de Geoffrey ainda estar bem e poder comparecer à cerimônia foi um grande ponto positivo. Certamente, fotos de família seriam tiradas.

# Hambúrgueres e Chablis

Por mais que eu deteste o inverno (e ainda detesto), assistia à patinação artística na televisão sempre que possível: Skate Canada, Skate America, o Campeonato Canadense, o Campeonato Americano, a Copa NHK, para citar alguns. Ao longo dos anos, admirei muitos dos grandes patinadores do mundo, mas meu coração pertencia aos nossos incríveis atletas canadenses, incluindo Barbara-Ann Scott, Karen Magnussen, Toller Cranston, Brian Orser, Kurt Browning e Elizabeth Manley, entre outros. No início da década de 1970, após superar fraturas por estresse em ambas as pernas, Karen Magnussen ficou em segundo lugar nas Olimpíadas de 1972 e conquistou o título mundial em 1973. Em 1986, um Kurt Browning em ascensão estava causando sensação na comunidade da patinação artística; ele estava destinado a se tornar um competidor de classe mundial. Alto e bonito, Kurt estava prestes a executar o primeiro salto quádruplo em competição e impressionar o mundo .

Graças ao ex-governador-geral Lord Minto, os Prêmios Minto para patinação artística começaram em 1903, incentivando muitos meninos e meninas a se destacarem nesse esporte emergente. Desde que me lembro, sou apaixonado por patinação no gelo. Eu não devia ter mais de 10 anos quando vi patinação artística pela primeira vez na Dalhousie Arena. Naquela época, a maioria dos meninos não considerava a patinação artística; os meninos jogavam hóquei e as meninas patinavam. Assistindo ao Campeonato Canadense de Ginástica Artística em 1986, não precisei mais esconder minha paixão por esse esporte. Lord Minto havia sido um verdadeiro visionário; ele queria *incentivar o desenvolvimento de performances habilidosas nas figuras* . Seu objetivo certamente foi alcançado; testemunhei o talento produzido neste país e me orgulhei de ver o Canadá dominar esse esporte por muitos anos .

Regularmente, Norman e eu nos encontrávamos para jantar. Já haviam se passado dez anos desde que cheguei a Ottawa; eu devia a Norman toda a ajuda que ele me deu para me estabelecer nesta nova cidade cosmopolita. Invariavelmente, conversávamos sobre nossos primeiros anos em Ottawa ; nem sempre era fácil conhecer novas pessoas e os bares não eram o melhor lugar para fazer novas amizades .

"Você se lembra do *grupo de sexta à noite* ?", eu disse .

— Ah, sim, lembro sim — respondeu Norman. — Você me convidou algumas vezes. Se não me engano, o local dos encontros variava de um lugar para o outro, dependendo de quem queria ser o anfitrião. Eu fui duas vezes quando o grupo se reuniu na Rua Stewart .

— Você se lembra de uma noite do início de outubro, quando o grupo estava discutindo os planos para uma festa de Halloween? — perguntei .

'Sim, sim, sim, lembro que éramos um grupo grande, que incluía um pastor anglicano e Paul Lajoie, uma drag queen sem fantasia chamada Coco Paradise, que não passou despercebida pela maioria das pessoas na sala', acrescentou Norman .

'Aquela foi uma noite e tanto', respondi .

A discussão sobre aquela festa de Halloween ficou bem animada, já que muitos não viam sentido em se fantasiar. Paul Lajoie estava dando sugestões sobre fantasias apropriadas para cada pessoa. Quando chegou a vez do pastor anglicano, que havia se manifestado veementemente contra a exigência de ir fantasiado, Paul (também conhecido como Coco Paradise) olhou-o diretamente nos olhos e disse: ' *Ah, enfie uma uva passa no seu traseiro e venha vestido de muffin* !' A sala ficou em silêncio .

"Coco certamente tinha um jeito especial com as palavras", disse Norman .

"Você também não é nenhum covarde quando se trata de defender um ponto de vista", eu disse. "Você não se lembra do que disse para aquela senhora idosa e calva que veio fazer o cabelo e queria ficar parecida com a Farrah Fawcett-Majors?", eu disse .

Norman corou. Como ele poderia esquecer o que tinha dito para aquela senhora cansada, cujo rosto estava enrugado de tanto sol e cuja calvície ele já tinha visto tantas descolorações e permanentes? " *Senhora, para milagres, a senhora terá que atravessar a rua e ir até a Catedral!*" Sempre que eu me sentia para baixo e precisava de um estímulo rápido, ligava para Norman e, em pouco tempo, ele me fazia rir muito. Seu humor peculiar e sua capacidade de recordar detalhes de histórias antigas eram fenomenais. Todos o perdoavam por sua predileção por leves exageros para tornar uma história ainda mais engraçada.

Uma oportunidade surgiu para mim em junho de 1986. Foi um ponto de virada importante, que marcaria o resto da minha vida profissional. Quase que inesperadamente, recebi uma proposta para trabalhar no Setor de Recursos Humanos do Ministério de Energia, Minas e Recursos do Canadá. Minha grande chance surgiu devido à necessidade urgente de preencher uma vaga na Divisão de Planejamento de Recursos Humanos, sob a supervisão de Peter Gendron. Eu tinha ouvido dizer que ele estava procurando preencher uma vaga; tive a audácia de abordá-lo e dizer que eu era a pessoa que ele procurava. Fiz isso sabendo que não tinha experiência em planejamento de recursos humanos e que nada do meu histórico profissional apoiava minha proposta. Essa mudança inesperada de carreira me deu um enorme impulso de confiança, pois pude demonstrar em seis meses que havia feito a escolha certa. O que inicialmente era uma designação temporária se transformou em uma mudança permanente, com direito à alteração da minha classificação de cargo .

Algumas semanas depois, em um jantar oferecido por Dick Howard, um amigo de Norman, fiquei sabendo de uma nova tendência de emprego na comunidade gay. Dick e seu então sócio, Shamus, haviam contratado Frankie Bouchez, um dos muitos jovens gays que faziam faxina nus. Eu não conseguia entender o sentido disso. Em nosso clima frio, trabalhar pelado significaria aumentar o termostato para garantir o conforto da empregada: uma proposta cara, para dizer o mínimo. Como Norman havia apontado, além de ter um lugar para pendurar a roupa íntima, havia poucos benefícios em fazer trabalhos domésticos completamente nu! Minha agenda social estava lotada de jantares, festas no jardim, passeios a feiras de artesanato e antiguidades, e ao Centro Nacional de Artes. Durante os meses de verão, era comum ser convidado para diversas festas no jardim. Um casal muito conhecido em Ottawa era Bill e Bruce, também conhecidos como Mutt e Jeff. Além da grande diferença de altura entre eles, seus gostos eram bem diferentes. Todo verão, eles organizavam uma festa no jardim chamada "Cachorro-quente e cerveja ou Hambúrgueres e Chablis". Era como se estivessem atendendo a dois grupos distintos; Bruce era do tipo que gostava de cachorro-quente e cerveja, enquanto Bill, uma pessoa mais refinada, era definitivamente do tipo hambúrguer e Chablis. Como alternativa a conhecer novas pessoas em bares ou em grupos de discussão privados, essas festas eram , na minha opinião, uma maneira maravilhosa de estar com amigos e conhecer gente nova. Havia muitos desses círculos sociais em Ottawa; em cada um, você encontraria algumas pessoas que conhecia bem e rostos novos que eram visitantes da nossa cidade ou pessoas que você simplesmente ainda não tinha conhecido .

Enquanto eu estava em missão em Ottawa por três meses, minha irmã Claire se mudou para cá por um período de oito meses. O quarto de hóspedes, que raramente era ocupado, estava sendo bem utilizado. Gostei da companhia de Claire;

sua *alegria de viver* era contagiante. Isso lhe deu uma boa oportunidade de conhecer Jonathan; eles se deram muito bem, como eu esperava .

No final de agosto, eu estava ansiosa para ir a Provincetown; desta vez, Jonathan iria comigo. Michael estava saindo com um novo rapaz chamado Joey e eles decidiram estar em Provincetown ao mesmo tempo que nós. Eles alugaram um pequeno chalé na Rua Cottage, bem atrás do chalé da Tillie na Rua Bradford. Como de costume durante nossa estadia, comemos sanduíches de lagosta no Dairy Queen, fomos ao baile no Boatslip quase todos os dias, fizemos um passeio de um dia para Nantucket e caminhamos pela Commercial Street de uma ponta à outra todas as noites. Um dos rapazes do apartamento n° 3 foi pescar no píer e trouxe meia dúzia de peixes, que ele nos deu .

Porque ele não comia nada que vivesse na água. Assado, o tamboril estava muito bom; Jonathan e eu tivemos um banquete delicioso e completamente inesperado .

Pela primeira vez na minha vida, escolhi não passar o Natal com a minha família em Dalhousie. Voltar para a Rua Victoria, 626, a casa onde minha mãe era onipresente, foi tão doloroso que preferi ficar longe. Não que eu precisasse de desculpas, mas eu queria passar o Natal em Ottawa com o Jonathan; ele tinha se tornado cada vez mais uma parte importante da minha vida e eu não queria deixá-lo para trás.

# A jornada começa

Nos dias que antecederam nossa viagem à Europa em setembro de 1991, comecei a me perguntar se havia tomado a decisão certa; essas férias decisivas revelariam muito sobre cada um de nós. Descobriria coisas novas sobre Joshua que eu não suspeitava? Alguma revelação sobre seu caráter levaria a um término? Se Joshua tinha alguma dúvida sobre a viagem, ele não as compartilhou comigo. Estava animado; seu sorriso dizia muito sobre sua ansiedade para embarcar nessa aventura única. Embora tivesse ido à Europa na adolescência, nunca havia voltado. Grande parte do que havíamos planejado ver seria território desconhecido; a principal exceção era Veneza .

Indo para a Europa pela primeira vez aos 40 anos, eu queria que essas férias fossem memoráveis pelos motivos certos. Não saber o que esperar era ao mesmo tempo assustador e uma bênção. Tínhamos planejado meticulosamente nosso itinerário com flexibilidade suficiente para passar mais tempo em qualquer lugar, caso quiséssemos explorar mais .

Nossa decisão de alugar um carro e viajar por conta própria nos daria a flexibilidade de viajar em um ritmo mais tranquilo do que em uma excursão de ônibus. Queríamos ter a possibilidade de percorrer estradas rurais antigas, visitar pequenas vilas fora dos roteiros turísticos tradicionais e com menos turistas .

O voo Ottawa-Amsterdã chegou pontualmente ao Aeroporto de Schiphol às 9h. Fiquei boquiaberto com o tamanho do local; Tantas pistas, tantas companhias aéreas das quais eu nunca tinha ouvido falar antes e tantas lojas no terminal. Com pessoas dos quatro cantos do mundo, indo e vindo em todas as direções com esteiras rolantes intermináveis, parecia que tínhamos entrado na Torre de Babel. Com a segurança como nossa principal preocupação em um aeroporto tão grande, ficamos juntos o tempo todo, até mesmo indo ao banheiro juntos para não nos perdermos de vista .

Nosso primeiro objetivo era encontrar o escritório de aluguel de carros. Graças a Deus pelas placas em inglês indicando claramente o caminho, encontramos a área de embarque onde as pessoas eram colocadas em vans e levadas às respectivas locadoras de veículos. Poucos minutos após o check-in, já estávamos a caminho da cidade .

Imaginando que seria difícil conseguir um quarto decente em Amsterdã, reservamos com antecedência uma estadia de cinco noites no New York Hotel on Herengrach, anunciado em vários guias gays. Como a maioria dos prédios no centro de Amsterdã, nosso hotel era bastante.. .

A pousada era estreita, com apenas quatro andares. Construída em torno de um pequeno terraço quadrado, nosso quarto interno dava para o pátio abaixo e ficava de frente para outros quartos que pareciam estar a cerca de 3 metros do nosso. Quando olhamos para fora, vimos vários rapazes sentados nos parapeitos das janelas; a princípio, não tínhamos certeza se estavam apenas tomando ar fresco ou se eram garotos .

O dono da pousada era francês; ele foi muito prestativo e nos ajudou a estacionar em segurança em um pequeno espaço na garagem. Réjean nos deu uma breve explicação sobre a área ao redor, dizendo-nos o que ver e o que evitar. Com mapas da cidade em mãos, passamos o dia passeando pelos belos canais do Bairro Jardim. Não esperávamos um clima quente, mas neste dia 28 de setembro, o termômetro marcou 24 graus Celsius, quente o suficiente para usar bermudas. Tínhamos deixado o tapete em casa .

Um dos nossos objetivos no segundo dia na Holanda era comprar passagens de trem para Zoe Termeer para ver a *Floriade* (exposição de flores); 70 hectares de plantas, flores, árvores e arbustos. Nosso hotel ficava a uma curta distância a pé da

Estação Central de Amsterdã, o que facilitou a compra das passagens para a exposição. Ao nos aproximarmos da estação, notamos um grande número de jovens circulando; alguns estavam claramente tentando vender seus produtos (drogas de todos os tipos) aos transeuntes. Caminhamos rapidamente para evitar os traficantes; nossa estratégia funcionou bem .

Em uma área predominantemente comercial da cidade, nos deparamos com o Amsterdam Sexmuseum; não tínhamos conhecimento prévio desse lugar, localizado na Rua Damrak, número 18. Joshua insistiu para que entrássemos; acho que a palavra "museu" o convenceu de que veria uma exposição bem documentada. Não era o que ele esperava, mas certamente nos rendeu muitas risadas. Foi um tempo bem gasto em uma noite chuvosa e miserável .

No caminho de volta para o nosso quarto, caminhamos pela mesma rua de pedestres que havíamos percorrido mais cedo. Os estabelecimentos comerciais já haviam fechado. Como descobriríamos mais tarde, devido ao vandalismo, os lojistas cobrem suas vitrines quando o estabelecimento fecha. Placas de metal cinza são arrancadas como persianas e usadas como telas por grafiteiros. Uma longa rua de boutiques de luxo havia se transformado em um beco com aparência de cemitério, o que nos assustou, pois havia poucas saídas ao longo dessa curva do shopping a céu aberto. Para piorar a situação, as poucas pessoas que circulavam por ali pareciam estar drogadas ou vendendo drogas; temíamos que nossa aparência norte-americana nos causasse problemas. Felizmente, conseguimos voltar ao hotel em segurança e evitamos aquela rua à noite depois disso .

Havia dois museus que Joshua e eu queríamos visitar: o Rijksmuseum e o Museu Van Gogh. No Rijksmuseum, nossos principais interesses eram as obras de Rembrandt, Michelangelo, Rubens e Vermeer. Ficamos impressionados com as cores e a iluminação nas pinturas de Rembrandt. Embora a maioria de suas obras seja escura e sombria, a intensidade da luz e a atenção aos detalhes são de tirar o fôlego. É difícil imaginar que as pinturas foram feitas no século XVII; ele viveu de 1606 a 1669 .

Perto da Magna Plaza, encontramos lojas que vendiam CDs, onde Joshua se divertiu muito; havia tanta música disponível que nunca havia chegado à América do Norte. Passamos bastante tempo em lojas como Fame e Virgin. Joshua não resistiu à tentação de comprar o que sabia que não estava disponível no Canadá. Se as compras fossem muitas, ele tinha a opção de enviá-las de volta para o Canadá .

Nosso hotel ficava perto da famosa Casa de Anne Frank, na Princess Gratch. A casa agora é um museu dedicado à diarista judia da época da guerra que, com sua família e outras quatro pessoas, evitou a perseguição em quartos escondidos na parte de trás do prédio. Atrás de uma estante que escondia a entrada para o "Quarto Secreto de Anne", Anne passou 25 meses escondida, período durante o qual registrou em um diário a descrição do esconderijo, bem como os eventos que preenchiam seus dias. É uma memória muito comovente. Ao final do passeio, Joshua e eu saímos em silêncio, como se tivéssemos aprendido uma lição muito poderosa sobre perseguição e discriminação, assuntos sobre os quais pensávamos saber bastante .

Em nítido contraste, caminhamos pelo bairro da luz vermelha: uma visita obrigatória para quem visita Amsterdã pela primeira vez. As garotas vestidas com roupas mínimas sentam-se em vitrines, sorrindo para os transeuntes na tentativa de chamar sua atenção. Os clientes, com cartão de crédito em mãos, pagam antecipadamente e a cortina vermelha é então fechada, indicando que a dama da noite está temporariamente indisponível .

No caminho de volta para o hotel, nos ofereceram cocaína; não nos interessamos e não perguntamos o preço. O que surpreendeu foi a disponibilidade dessa droga e o número de pessoas nas ruas vendendo-a. Em estabelecimentos especializados autorizados pelo governo , geralmente cafeterias, a maconha era comprada e consumida no local. Ficou evidente que muitas pessoas haviam migrado para drogas pesadas e, posteriormente, recorriam às ruas para vender as substâncias ilícitas e ganhar dinheiro para comprar mais de suas drogas preferidas. Após o anoitecer, Amsterdã se torna um pouco assustadora, pois traficantes tomam conta das ruas, abordando o máximo de pessoas possível .

Antes de chegarmos ao Hotel New York, vimos uma pequena livraria que parecia interessante. Assim que entramos, olhamos em volta e notamos a escadaria que levava a um lugar chamado Blue Boy. Nos entreolhamos e um de nós disse "para a noite?" e subimos. Não era muito tarde; esperávamos que o bar estivesse quase vazio. Havia cerca de uma dúzia de pessoas, incluindo os bartenders. Sentamos em banquetas no balcão, bem ao lado de um cavalheiro que também era canadense. Pedimos cerveja. Levamos um tempo para perceber que estávamos em um bordel masculino. Um dos bartenders perguntou se tínhamos feito alguma escolha. Confuso com a pergunta, o homem sentado ao nosso lado explicou que, além de nós três, qualquer um dos outros homens estava disponível para sexo em quartos fechados nos fundos do bar. Explicamos que tínhamos entrado apenas para tomar uma cerveja; essa resposta provocou um meio sorriso do barman. Cerca de 20 minutos depois, uma grande pasta de três argolas foi colocada à nossa frente; o barman explicou que poderia conseguir que qualquer um dos homens da foto do álbum viesse em 10 a 15 minutos. Tudo o que tínhamos que fazer era dar o nosso pedido. Outra escada, do outro lado do prédio, levava a uma cafeteria no andar de baixo. Ao entrarmos, muitos viraram a cabeça para nos olhar. Devem ter pensado que tínhamos contratado os serviços dos caras do andar de cima. Saímos rapidamente pela porta da frente, rindo enquanto caminhávamos em direção ao nosso hotel .

Nossa noite de aventuras ainda não havia terminado. Os quartos do Hotel New York têm janelas que dão para pequenos pátios internos. Joshua abriu a cortina e encontrou homens em outros quartos sentados nos parapeitos das janelas, aguardando convites. Do outro lado do nosso quarto, no andar de cima, estava um homem bonito, vestindo apenas o essencial, tentando ao máximo chamar a atenção de Joshua. O homem atraente estava claramente à espreita; o brilho em seu corpo parecia que ele havia passado óleo na pele para fazê-la brilhar. Delicadamente, ele acariciou o torso, dedicando um bom tempo a brincar com os mamilos. Os movimentos sedutores tinham o objetivo de encorajar Joshua a retribuir. Bastou um olhar para aquele cara para eu saber o que ele queria .

"Feche essa cortina e venha dormir, por favor", implorei .

"Você sabia deste lugar quando fez a reserva?", perguntou Joshua .

"Não!", respondi. "Mas não tenho certeza se teria evitado este lugar por causa disso. O hotel é muito acessível, tem estacionamento no local, o que é raro em Amsterdã, e inclui café da manhã continental." "Vamos dormir um pouco", disse Joshua. "Tenho certeza de que este cara vai encontrar uma companhia antes do fim da noite." Afinal, estávamos em Amsterdã; sabíamos que quase tudo era permitido. Não íamos deixar que isso atrapalhasse nossa ótima viagem à Holanda. Foi divertido de assistir; provavelmente nunca mais veríamos algo assim . E assim, a verdadeira jornada pela Europa começou!

# Outro vínculo de relacionamento

No final do verão de 1986, senti novamente o fascínio de Provincetown . Não havia como escapar. Usando descrições vívidas dessa pequena vila de pescadores portuguesa transformada em um resort gay, convenci Jonathan a fazer a viagem comigo. Embora ele tivesse viajado bastante, nunca tinha ido a uma cidade com esse status. Ele já tinha ido a lugares distantes como Berlim e Moscou, mas nunca a Cape Cod. Se os homens bonitos que afluem a essa comunidade costeira todos os anos não o interessassem, o ar salgado e as paisagens marítimas certamente chamariam sua atenção .

A viagem de carro de Ottawa até Cape Cod levava, em média, 12 horas, principalmente passando por Boston, que foi o que fizemos. Escolhemos propositadamente parar e passar algum tempo na cidade do Tea Party, pois Jonathan nunca a tinha visitado. Visitamos o histórico Mercado Faneuil Hall, a poucos passos da orla. Um presente de Peter Faneuil para a cidade, inaugurado em 1742, o edifício de tijolos do mercado foi reconstruído diversas vezes ao longo dos anos. O atual edifício de tijolos vermelhos ergue-se orgulhosamente como o "berço da liberdade" .

Na manhã seguinte, descobrimos que as fechaduras do carro tinham sido arrombadas e precisavam ser trocadas antes de podermos continuar nossa viagem. A palavra "liberdade" certamente não significava que alguém pudesse nos ajudar a satisfazer nossos desejos. Ficamos aliviados ao pensar que os brincalhões provavelmente tinham sido pegos em flagrante, já que nada havia sumido. Ou talvez eles tivessem encontrado as latas de conserva, o detergente e os rolos de papel-toalha e decidido que não fazia sentido levar itens inúteis. Nada no carro seria adequado para uma casa de penhores .

Chegamos a Provincetown em uma manhã ensolarada de sábado. Evitamos o congestionamento habitual na Rota 6A chegando cedo, antes que a multidão de Boston chegasse a Provincetown, e a tempo para o baile. Casas típicas do sul dos Estados Unidos, construídas em terrenos arenosos, ladeavam a longa estrada desde a Ponte Sagamore até o final da Rota 6A, na ponta do Cabo Cod, em Provincetown . Quanto mais subíamos, mais estreita a península e menores as árvores .

Foi emocionante para mim ir até lá com Jonathan. Ele certamente apreciaria a vista, e os homens gays certamente apreciariam admirá-lo. Com sua aparência jovial, semelhante à de Tintim, ele atrairia a atenção de muitos dos rapazes que caminhavam pela Rua Comercial .

Provincetown é um refúgio à beira-mar com uma abundância de propriedades sazonais exóticas e, muitas vezes, caras. Não há prédios altos. A maioria das construções é de madeira; os edifícios são revestidos com telhas sem pintura, que ficam acinzentadas com o tempo. O branco é a cor dominante, usada para acentuar as casas coloniais de Cape Cod, de cor cinza, que vêm em uma variedade de formatos e tamanhos. Muitas das casas mais antigas foram restauradas com carinho por homens gays que as transformaram em elegantes pousadas. Algumas delas incluem o White Wood Inn, Admiral's Landing, Christopher's by the Bay e Gifford House, para citar algumas .

Os restaurantes vêm e vão, mas alguns estão por aqui desde que me lembro. Lugares como o Vorelli's, a Estação Central, o Lobster Pot e o restaurante Front Street são icônicos. A Spiritus Pizza tem uma longa tradição de servir pizza a qualquer hora do dia ou da noite. É lendária! Foi enquanto estávamos em Cape Cod que percebi que meu relacionamento com Jonathan não estava indo na direção que eu esperava. Não houve brigas, momentos constrangedores ou desentendimentos; simplesmente, não estávamos nos entendendo. Eu esperava que a viagem para Provincetown fosse boa para nós, pois ele veria muitos outros casais felizes.

Certamente, imagens positivas de relacionamentos duradouros teriam um efeito encorajador sobre ele. Em alguns dias, eu não tinha certeza se ele queria ficar comigo ou se estava pronto para seguir em frente, mas não conseguia me conformar com a decepção que inevitavelmente viria depois de um término. Ignorei convenientemente os sentimentos que estava tendo e me concentrei nas coisas divertidas que fizemos. Seu espírito independente acabaria vindo à tona com o tempo. Agora não era hora de forçar a situação .

Junto com dois amigos de Ottawa que também estavam em Provincetown na mesma época, decidimos fazer um passeio até Nantucket. Essa agradável excursão de um dia foi um sucesso. Todos nós gostamos da travessia de balsa do continente até a ilha. Enquanto caminhávamos pela Main Street e pela Broad Street, admirávamos as propriedades bem cuidadas, a arquitetura antiga e as árvores altas. Tudo era perfeito. Quase como *um conto de fadas* ! Fizemos compras, tiramos algumas fotos e sentamos para uma refeição rápida antes de voltarmos ao cais para a viagem de retorno. Havia contentamento nos olhos de Jonathan, mas não tinha nada a ver com nós como casal .

De volta a Ottawa, as coisas voltaram ao normal. Nossa rotina consistia apenas em visitas de fim de semana. Jonathan dividia um apartamento com um amigo próximo. Embora eu suspeitasse que eles tivessem tido um relacionamento em algum momento, eu não ia me intrometer na vida dele .

Nunca houve qualquer conversa sobre ele se mudar para morar comigo; por mais que ele gostasse dos elementos art déco do meu apartamento, certamente não demonstrava nenhuma intenção de morarmos juntos. Minha análise da nossa situação me levou a crer que talvez sua ascendência germânica o impedisse de demonstrar muito afeto. Homens têm dificuldade em dizer "Eu te amo". Eu não esperava que ele me dissesse isso, mas tinha esperança de que ele encontrasse outras maneiras de me mostrar seus sentimentos. Ele nunca o fez, e eu nunca descobri qual era a minha posição em relação a ele .

Continuamos a fazer coisas juntos nos fins de semana. Fizemos uma viagem a Montreal para visitar uma amiga minha e fazer compras. Enquanto eu não tocasse em assuntos delicados, tudo ficava bem. Para não irritá-lo, evitei qualquer tópico de conversa que eu soubesse que levaria a um confronto. Ele não era uma pessoa difícil; era manso e tranquilo. Em vez de enfrentar um conflito, ele se afastava. Sem estar aberta a longas conversas sobre ele, não consegui descobrir quem ele era, o que importava para ele. Eu sentia sua infelicidade. Ele perdeu o pai quando era menino. Talvez o golpe daquela perda infeliz tenha tido um impacto mais profundo do que ele próprio pudesse imaginar .

Ainda guardo com carinho os presentes que ele me deu no Natal daquele ano. No fundo, ainda o amo muito. Seu amor por tudo que é belo o levou a comprar um lindo ovo de vidro em vários tons de amarelo mostarda. O simbolismo do ovo (o início da vida) não me passou despercebido. Será que Jonathan fez essa conexão quando comprou este item? Estaria ele me dizendo que um novo começo estava prestes a começar? O fato de ser amarelo não foi por acaso, pois era uma de suas cores favoritas. Sempre tomei precauções extras para garantir que essa lembrança preciosa, uma das minhas posses mais valiosas, seja bem guardada. Ela serve como uma ligação com meu relacionamento com uma pessoa que significou muito para mim. O amor não correspondido costuma ser o mais difícil .

Jonathan e eu comparecemos ao baile de Ano Novo de Norman e Leon. Leon era da opinião de que, se o Governador Geral podia organizar um baile tão grande, ele também podia. Naquele ano, mais de 100 pessoas compareceram ao evento de oito horas de duração, onde a casa estava aberta ao público. Os tradicionais bolos natalinos de Leon estavam por toda parte, servidos em todos os cômodos do andar principal de sua casa, no número 222 da Rua Armstrong. A maioria das pessoas presentes...

Eram amigos de Leon do Club Moustache, um grupo de homens gays com interesses em comum envolvidos em todos os tipos de eventos esportivos, ou os numerosos seguidores de Norman, que incluíam os 15 a 20 rapazes do Stitch and Bitch Club. Esses caras se reuniam quinzenalmente para trabalhar em projetos de tricô, costura ou bordado enquanto batiam papo sobre o que estava acontecendo, ou não, em Ottawa.

Alguns deles estavam obviamente passando por momentos difíceis. Estavam doentes. Muitos de seus amigos já haviam falecido por causa da AIDS. Mais seguiriam o mesmo caminho. Nessa festa, pude facilmente identificar quatro ou cinco que estavam à beira da morte. Isso me doeu. Eu temia que Jonathan tivesse medo de um relacionamento comigo, pois muitos dos meus amigos estavam desaparecendo em um ritmo alarmante.

Não adiantava tentar tranquilizá-lo. Eu tinha sido tão promíscua quanto qualquer outra pessoa e não podia esperar ser poupada. Jonathan e eu nunca nos sentimos à vontade um com o outro sexualmente. Eu me perguntava se a crise da AIDS dificultava que ele se sentisse confortável comigo. Eu não esperava que ele baixasse a guarda, mas tinha esperança de que ele ao menos encontrasse um mínimo de felicidade em nosso relacionamento.

# A primeira etapa

Nossa viagem de um mês pela Europa, no outono de 1991, continuou de Amsterdã até Maastricht, a caminho da Alemanha. Sabíamos muito pouco sobre essa cidade encantadora antes de decidirmos parar para comer e descansar, o que era muito necessário. Não tínhamos pesquisado nada sobre ela antes de sair de casa. Mais conhecida por causa do Tratado da União Europeia, assinado em 7 de fevereiro de 1992, esta cidade holandesa às margens do rio Meuse é a capital da província de Limburg. Este antigo assentamento romano se orgulha de ter uma antiga ponte romana com belos arcos e a deslumbrante Basílica de São Servácio .

Eu não tinha planejado ser o motorista principal, mas logo ficou claro para mim que Joshua não conseguiria lidar com o estresse de dirigir em terras estrangeiras. Aceitei essa responsabilidade de bom grado, pois sabia que ele se provaria um excelente copiloto. Ao longo da nossa viagem, ele admitiu que tem medo de altura; dirigir em rodovias elevadas ou sobre longos cursos d'água era algo que ele não queria fazer .

Nosso objetivo para o primeiro dia na estrada era chegar a Colônia (Köln). Sendo a quarta maior cidade alemã, depois de Berlim, Hamburgo e Munique, Colônia foi fundada e estabelecida no século I d.C. Uma das cidades mais bombardeadas da Alemanha durante a Segunda Guerra Mundial, Colônia foi quase completamente destruída; daí a reconstrução, que resultou em uma paisagem urbana muito diversificada e singular .

A Catedral de Colônia domina a cidade. Caminhamos ao redor dela para admirar sua incrível estrutura gótica. A construção começou em 1248 e só foi concluída em 1880; a catedral ostenta a maior fachada de qualquer igreja do mundo. De lá, nos deparamos com um enorme mercado de antiguidades e feiras ao ar livre. A essa altura, Joshua já havia desenvolvido um grande interesse por esse tipo de mercado; passamos algum tempo observando as mercadorias incomuns, coisas que não vemos na América do Norte .

Enquanto passeávamos pelo mercado, notamos muitas pessoas com deformidades graves, uma porcentagem muito maior do que a esperada na população em geral. Sem dizer nada um ao outro, achamos estranho que tantas pessoas incomuns estivessem reunidas no mesmo lugar. Nenhuma delas era vendedora; todas estavam perambulando sem nenhum interesse aparente nos artigos à venda .

"Acho que devemos ir embora", eu disse a Joshua .

"Não é uma má ideia", ele respondeu prontamente. "Não é que eu me sinta inseguro, mas este lugar parece estranho." "Vamos dar mais uma volta antes de voltarmos para o nosso quarto", sugeri .

"Será que poderíamos encontrar um bar gay?", perguntou Joshua .

A parte histórica da cidade (o centro), com seus hotéis elegantes e cafés charmosos, estava quase deserta, então decidimos caminhar em direção ao nosso hotel, que ficava no bairro gay. Lá, encontramos um bar frequentado por homens de aparência estranha, que nos encaravam. Depois de um drinque rápido, fomos para o hotel para uma boa noite de sono .

"Sou só eu ou este lugar é um pouco assustador?", perguntei .

"Não posso dizer que me senti confortável nos lugares que visitamos esta noite", disse Josh. "Talvez estejamos cansados demais para apreciar a paisagem. Tudo estará muito diferente pela manhã. Não vamos tirar conclusões precipitadas." Eu me senti um pouco decepcionada naquela noite; Guardei meus sentimentos para mim e Joshua fez o mesmo. Nenhum de nós estava relaxado nesta peculiar cidade alemã da qual sabíamos muito pouco. Havíamos sido informados de que os alemães não são particularmente amigáveis com estrangeiros; nossas expectativas não eram altas, mas não previmos essa sensação de alienação. Teria o cansaço acumulado dos primeiros cinco dias de viagem começado a afetar nosso ânimo? Joshua adormeceu muito rápido, quase no mesmo instante em que sua cabeça tocou o travesseiro. Para mim, foi uma história bem diferente; minha mente estava a mil e o sono não vinha. Eu temia que tivéssemos mais dias difíceis como este. Com um pouco de sorte, o próximo destino seria inspirador e a melancolia esquecida.

# Uma temporada de perdas

O tempo que minha irmã passou em Ottawa, em 1987, me ajudou a superar um período difícil e sombrio da minha vida. A AIDS estava afetando muitos dos meus amigos; a tristeza me dominava na maioria dos dias. Meu relacionamento com Jonathan estava se deteriorando e eu sabia que era apenas uma questão de tempo até que ele fosse embora. Na Páscoa, Claire havia terminado seu projeto e estava de volta a Halifax. No início de julho, sem qualquer aviso ou explicação, Jonathan simplesmente parou de ligar. Não foi uma surpresa total. Como em qualquer término de relacionamento, fiquei devastada; meu coração afundou ao máximo. Me senti rejeitada! Levei um tempo para me curar; eu precisava me sentir bem comigo mesma novamente. No entanto, essa era uma tarefa difícil. Por que eu deveria me sentir bem comigo mesmo quando tantos ao meu redor estavam sofrendo? Os católicos são criados com base em princípios de culpa e eu não era exceção. Eu me sentia culpado por ser relativamente saudável. Também me sentia excluído por ser bem-sucedido. No fim, senti que não duraria muito, um pária com pouquíssimos amigos próximos .

Meu coração se voltou para Norman, meu melhor amigo, que naquele momento estava no estágio avançado da AIDS. Sua mãe, Mea, havia se mudado para Ottawa para ficar mais perto dele e cuidar dele. Seu episódio de herpes-zóster me deixou sem palavras; a erupção seguia uma linha reta de suas costas até o abdômen, subindo até o rosto e atravessando o olho direito. Megadoses de morfina pouco aliviaram a dor. Como isso pôde acontecer? Uma pessoa tão carinhosa e gentil estava sendo atacada ferozmente quando suas defesas naturais estavam mais fracas! Como um Deus amoroso poderia permitir tamanha miséria? Quase não havia um dia sequer em que eu não questionasse seriamente minha fé .

Se não fosse por sua mãe, que cuidava dele diariamente, teria sido desastroso. Leon, que naquele momento sabia que também era HIV positivo, estava ficando mais fraco, mas não a ponto de não poder ajudar. Ele fez tudo o que pôde para garantir que Norman fosse tratado com compaixão pela miríade de pessoas que o ajudavam todos os dias. A saúde de Norman foi de mal a pior; Sua mãe se mudou para a casa deles, no número 222 da Rua Armstrong .

A notícia sobre essa situação se espalhou; muitas outras pessoas que estavam passando por dificuldades apareceram em busca de ajuda e palavras gentis. Ela sempre tinha tempo para quem precisasse de sua ajuda. Ela havia se tornado uma figura materna para a comunidade gay de Ottawa. As pessoas eram atraídas por ela como um ímã. Ela era uma freira sem uniforme, uma santa não ungida! Mal sabia ela no que estava se metendo .

Quando as coisas ficaram muito difíceis para mim, organizei viagens curtas. Decidi fazer a peregrinação anual a Provincetown, mesmo sabendo que ficaria sozinha durante toda a viagem. A semana passou voando; não houve nada memorável durante meu tempo em Provincetown. A viagem de volta provou ser A melhor parte das férias. Dirigi até Newport, Rhode Island, para visitar as mansões .

Durante o século XIX , ricos proprietários de plantações do sul, buscando escapar do calor, começaram a construir casas de veraneio na Avenida Bellevue, como Kingscote. Mais tarde, ricos ianques, como a família Wetmore, também começaram a construir mansões maiores, como Château-sur-Mer. A maioria dessas famílias pioneiras fez uma parte substancial de suas fortunas no antigo comércio com a China. Na virada do século XX, muitas das famílias mais ricas do país (Vanderbilts, Astors e Wideners) possuíam grandes propriedades em Newport. Eles residiam por uma breve temporada social em grandes mansões douradas, com salões de recepção, jantar, música e baile elaborados, mas com poucos quartos, já que se esperava que os convidados tivessem seus próprios "chalés". Muitas das casas foram projetadas pelo arquiteto nova-iorquino Richard Morris Hunt .

Foi um verdadeiro prazer visitar todas as mansões abertas enquanto estive lá. A parte triste é que não tinha ninguém com quem compartilhar essa excursão emocionante. Para o aspirante a designer de interiores, esta foi uma viagem de campo maravilhosa; uma que é frequentemente recomendada para pessoas que apreciam casas requintadas . De Newport, voltei dirigindo para Ottawa, parando para breves visitas em New Haven e Hartford. Eu esperava ver Justin e Shelley em Wallingford, mas como eles não faziam ideia de que eu estava de passagem, não consegui encontrá-los. Foi um erro meu não avisá-los que eu viria; o itinerário foi planejado um dia de cada vez .

Assim que cheguei a Ottawa, recebi a notícia de que Norman estava frágil e talvez não sobrevivesse até o Natal. Leon e Mea fizeram tudo o que puderam para deixá-lo confortável. Eles estavam ansiosos para que eu o visitasse enquanto ele ainda conseguia falar por curtos períodos de tempo. Minha última visita a Norman foi difícil; as palavras me faltavam. Ele me conhecia bem o suficiente para entender que, embora as palavras sempre tivessem sido minha paixão, em momentos difíceis, eu poderia facilmente ficar sem palavras. Nos comunicamos apenas com os olhos. Meu amor por ele continuaria muito depois de sua morte. Ele faleceu em 1º de dezembro, que, ironicamente, alguns anos depois, foi proclamado o Dia Mundial da AIDS. Algumas semanas depois, parte da família Steve estava em Ottawa para o Natal, o que ajudou a me animar. A família pode ser um grande apoio em momentos difíceis; os Steve não foram exceção. A troca de presentes na manhã de Natal foi um momento particularmente tocante para mim.

No meu apartamento estavam reunidos meu pai, meus irmãos Phil e Danny e minha irmã Claire. A esposa de Phil e suas duas filhas também estavam presentes. Suzie, minha vizinha do outro lado do corredor, estava na Índia para as férias; ela nos deu acesso ao apartamento dela para que todos tivessem onde dormir. Nossas cozinhas contíguas davam para uma escada de incêndio que servia como ligação entre os apartamentos. Preparamos as refeições, lavamos e secamos a louça. Rimos, conversamos, bebemos e caminhamos na neve recém-caída. Depois que eles foram embora, fiquei impressionado com a facilidade com que as coisas se encaixam no momento certo. Eu precisava da minha família e eles estavam lá. Aquele encontro especial de Natal nunca se repetiu; talvez não houvesse necessidade dele.

# Mais da Alemanha

No dia 3 de outubro , deixamos Colônia para trás, felizes, e seguimos para Heidelberg, na esperança de ver o famoso castelo onde foi filmado "O Príncipe Estudante". Ofegantes após subir os 309 degraus, fomos recompensados com vistas deslumbrantes do castelo e da cidade velha em estilo barroco. Foi o contraste perfeito com o dia anterior. Joshua estava radiante enquanto observava os detalhes da imponente estrutura. Pensar que este castelo foi parcialmente reconstruído após sua destruição nos séculos XVII e XVIII só aumentava seu mistério. Passeamos entre as ruínas do castelo cerca de 154 anos depois de o escritor francês Victor Hugo ter feito exatamente a mesma coisa .

Nosso próximo destino era Stuttgart, que, surpreendentemente, se estende por várias colinas (muitas delas vinhedos). Localizada no sul da Alemanha e a uma hora da Floresta Negra, a capital do estado de Baden-Württemberg tem mais de 5 milhões de habitantes em sua região metropolitana. "Stuttgart oferece mais", como diz o slogan turístico .

Antes de sairmos de Ottawa, tínhamos reservado quartos em algumas das grandes cidades que certamente visitaríamos. Não tínhamos reservas para Stuttgart, mas dirigimos o mais perto possível do centro e encontramos um pequeno e limpo hotel. Não havia quartos duplos disponíveis, mas nos ofereceram dois quartos individuais (com camas de solteiro estreitas) pelo mesmo preço. Como planejávamos passar apenas uma noite na cidade, aceitamos a oferta. O hotel parecia ser novo; os quartos eram pequenos, mas muito funcionais, lembrando cabines de navio de cruzeiro .

Exploramos a cidade a pé; para nossa surpresa, nossa acomodação ficava em frente à estação ferroviária principal. Os prédios eram recentes, com algumas estruturas históricas. Era óbvio que a cidade havia sido muito danificada durante a Segunda Guerra Mundial. O shopping mais próximo do nosso hotel estava cheio de pessoas elegantemente vestidas; elas estavam indo para uma apresentação de teatro ou ópera naquela noite. Lentamente, fomos voltando para o nosso hotel, absorvendo tudo o que nossos olhos podiam contemplar. Para onde quer que olhássemos, tudo estava limpo e organizado, como já esperávamos dos alemães. Vitrines decoradas com bom gosto exibiam o melhor que se podia comprar. A maioria das mercadorias era de fabricação alemã .

A ideia de quartos separados para a noite, embora aceitável para uma estadia curta, não era a minha ideia de diversão. Como crianças comparando seus lanches, visitamos os quartos um do outro e constatamos que eram quase idênticos; o meu era ligeiramente maior. O que era realmente incomum era o fato de não haver janelas nos quartos .

Na parede do fundo, uma cortina com uma luz atrás dava a impressão de uma janela; era semelhante aos designs usados para cabines internas em navios de cruzeiro. Fazia anos que eu não dormia em uma cama de solteiro; foi uma noite sem descanso .

Eu sentia falta de dividir a cama com Joshua; esta foi a primeira vez que estávamos juntos sem dividir o quarto. Não me senti bem; eu estava fora da minha zona de conforto em mais de um sentido. Sem perceber, ele ofereceu um certo grau de proteção. No café da manhã da manhã seguinte, compartilhamos nossas experiências; Joshua adormeceu rapidamente e não sentiu nenhuma diferença por estar sozinho em seu quarto. Ele era e ainda é um tipo independente. Eu já havia notado isso antes, mas esta foi uma confirmação adicional .

Passando a toda velocidade na autobahn a 140-160 quilômetros por hora, víamos BMWs e Mercedes-Benz; nosso subcompacto de 4 cilindros (uma lata de sardinhas) mal conseguia acompanhar. Quando os faróis do carro atrás de nós piscavam, a mensagem era que estávamos dirigindo muito devagar, mesmo estando na faixa da direita. Eu era o motorista dedicado, deixando para Josh a responsabilidade de me aconselhar sobre todos os assuntos relacionados a chegar ao nosso destino e interpretar as placas de trânsito. Em nenhum momento ele se ofereceu para assumir o volante, mesmo quando meus níveis de estresse eram perceptíveis .

Chegamos ao nosso próximo destino, Munique, pouco antes do almoço. Sem muito esforço, encontramos o Hotel Blauer Bock na Sébastiensplatz, nosso refúgio três estrelas para as próximas três noites. Um lugar de aparência austera, com funcionários à altura; a senhora idosa não ficou satisfeita por não falarmos alemão. Joshua não gostou dela de imediato. Com meu alemão limitado (algumas palavras de cumprimento), ela foi um pouco mais amigável comigo. Pareceu orgulhosa ao me dizer que ofereciam estacionamento coberto, pelo qual ficamos muito gratos .

O charme da antiga Munique é evidente desde o momento em que se chega ao *centro* . Nossos amigos nos contaram um pouco sobre a cidade e sugeriram que não perdêssemos a Marienplatz, o centro da cidade, de onde se pode chegar ao shopping Kaufingerstrasse. A Marienplatz é dominada pela nova prefeitura, cuja torre principal abriga o *carrilhão (Glockenspiel),* atraindo milhares de turistas todos os dias. Joshua achou irônico que "prefeitura" em alemão seja *Rathaus* , que ele pronunciou brincando como "casa de ratos". Mais tarde, paramos para visitar a Theatinekirche, uma igreja italiana em estilo barroco que data de 1663 e é o local de sepultamento da família real bávara .

O mosteiro anexo, destruído durante a Segunda Guerra Mundial, foi completamente reconstruído em 1973 .

Por puro acaso, entramos num restaurante frequentado por membros da comunidade gay. O Vilinus Café tinha um ambiente muito boémio; a atmosfera era descontraída e a clientela bastante jovem. Era um ambiente muito confortável; gostámos tanto da refeição que ficámos lá durante parte da tarde. Sem um destino específico em mente, caminhámos pelas ruas de Munique, entrando e saindo de igrejas, lojas de departamentos e impressionantes átrios de hotéis . Ficámos um pouco nostálgicos quando vimos um restaurante Burger King, então entrámos e jantámos algo leve. De volta à rua, notámos vários homens bonitos; Decidimos segui-los para ver aonde iam. Acabamos num bar-restaurante elegante chamado 'Nil', e não no bar gay chique que esperávamos. Ao entrar no Hotel Blauer Bock, é preciso pegar a chave do quarto, que fica com a recepcionista de semblante severo. Joshua pediu a nossa chave, mas como não usou a palavra alemã para chave, ela olhou para ele como se não entendesse. Por sorte, eu me lembrava da palavra 'schüssel'; ela deu um meio sorriso e me entregou a chave. Joshua não achou graça .

O café da manhã na manhã seguinte foi típico da maioria dos que tivemos durante nosso mês de férias. O hotel oferecia ovos cozidos, presunto, salmão defumado, carnes apimentadas, iogurte, cereais, granola, queijo, frutas, doces, pão, geleia, suco e café. Bacon e ovos fritos não são comuns na Europa; não os vimos servidos em lugar nenhum. O café da manhã estilo bufê nos agradou, pois comíamos o que queríamos e em quantidades suficientes para nos sustentar até o almoço. Em alguns lugares, levamos maçãs, laranjas ou bananas que comemos como lanche .

De todos os lugares e coisas para ver e fazer em Munique, Joshua estava determinado a passar um tempo no Englishe Garten, um jardim de 3,7 quilômetros quadrados criado por Sir Benjamin Thompson em 1789, que permanece até hoje um dos maiores parques públicos urbanos do mundo. O paisagismo informal era o estilo preferido na Inglaterra de meados do século XVIII . Lá, em Munique, o 'Garten', com seus 36 quilômetros de trilhas e mais de 100 pontes, oferece aos habitantes de Munique um oásis incomparável no mundo. O Central Park, em Nova York, empalidece em comparação .

Se os gostos e desgostos de uma pessoa podem ser lidos olhando para o seu rosto, então Joshua certamente era um amante da natureza. No 'Garte n' dele Seus olhos brilharam; ele absorvia tudo como se precisasse absorver o máximo de energia possível para que durasse mais. Ele ficou em transe durante a primeira meia hora no parque. Quando finalmente falou, descobri que o que mais o impressionou foi a informalidade da paisagem. Nada de jardins meticulosamente cuidados à francesa; apenas árvores altas, prados intermináveis e riachos serpenteantes, com algumas estruturas arquitetônicas interessantes, como o templo japonês, para criar pontos de interesse. Maior que o Central Park de Nova York, o English Garden é enorme; uma bicicleta teria sido ideal para ver tudo. Mesmo assim, nossa caminhada de três horas nos deu uma boa ideia deste parque urbano único .

Na loja World of Music, Joshua encontrou mais CDs para sua coleção. Teríamos que descobrir como traríamos de volta todos aqueles CDs; tínhamos muitos para levar na bagagem. A caminho do restaurante 'Nil' para o jantar, Joshua mencionou que deveríamos considerar enviar uma caixa de CDs para Ottawa. Voltando para o hotel, planejamos os passeios do dia seguinte. Ambos apaixonados por arquitetura, estávamos ansiosos para visitar a Europa e seus castelos e palácios, principalmente aqueles que haviam sido restaurados e mobiliados. Munique não nos decepcionaria! Sob um sol radiante e uma temperatura de 22 graus Celsius, partimos para visitar o Palácio de Nymphenberg, nos arredores de Munique. Construído em um terreno de 490 acres, o Palácio de Amalienburg teve sua construção iniciada em 1664. Foi a residência da família real bávara e o local de nascimento do Rei Luís II, que manteve uma amizade de longa data com Otto von Bismarck. O edifício principal é composto pelos pavilhões Central, Norte e Sul. Outros cinco pavilhões pontilham a imensa propriedade. As fachadas barrocas abrangem uma largura total de cerca de 700 metros. Ao longo dos anos, o palácio foi modificado: alguns cômodos ainda exibem sua decoração barroca original, enquanto outros foram posteriormente redesenhados em estilo rococó ou neoclássico. Nossa visita prolongada incluiu um passeio pelos jardins do palácio; percebendo que o pavilhão Amalienburg (casa de caça) estava aberto, aproveitamos a oportunidade. Assim que entramos, vimos uma equipe de filmagem alemã trabalhando; eles estavam gravando um vídeo turístico e perguntaram se queríamos participar .

De bom grado, aceitamos os papéis sem falas; fizemos algumas tomadas antes de sermos dispensados. Nunca vimos o produto final.

Nossa estadia em Munique coincidiu com a Oktoberfest. As ruas e os bares ao ar livre estavam cheios de homens e mulheres sorridentes em trajes tradicionais bávaros. Funcionários, homens e mulheres, acima do peso e sorridentes, carregavam de três a quatro canecas de cerveja transbordando .

Cada mão deslizava rapidamente pelas fileiras de mesas protegidas por toldos brancos suspensos. Em cada um desses pubs, havia música ao vivo, geralmente uma banda de três ou quatro integrantes tocando músicas tradicionais. Entre goles de cerveja, as pessoas comiam pretzels enormes polvilhados com sal. Nos designaram lugares em uma mesa comprida com outros frequentadores da festa; a conversa era difícil, mas beber era fácil. Embora não estivéssemos usando lederhosen , nos enturmamos com a multidão; os alemães trabalham duro, mas também se divertem muito. Foi bom ver o lado de lazer de uma sociedade tão rígida e séria .

Joshua ficou aliviado ao descobrir que nem todo alemão era tão impassível quanto a gerente do hotel. Neste país altamente organizado, onde os trens são pontuais e as regras são rigorosamente seguidas, passamos a valorizar o trabalho árduo dos homens e mulheres com quem interagimos em diversos lugares. Apesar de parecerem inflexíveis à primeira vista, eles se mostraram prestativos e gentis; aprendemos muito sobre o povo alemão. Havia muito mais para ver e fazer por lá, mas precisávamos seguir viagem.

# Dez viagens

Meus amigos costumavam me chamar de "viajante do mundo"; só em 1988, fiz dez viagens. Explorar novos lugares e vivenciar diferentes culturas estava enraizado em mim desde criança. Parte de mim gostava de me afastar da rotina diária; sempre achei revigorante dar alguns passos para trás e retornar à minha rotina, revigorado com um renovado senso de propósito. Era uma maneira maravilhosa de me ajudar a superar momentos difíceis; os últimos anos tinham me afetado bastante. Quando surgiu a oportunidade de viajar para a Turquia, fiquei animado com a ideia de visitar um amigo que morava do outro lado do mundo .

Uma das minhas colegas de trabalho tinha ido à Turquia de férias e se apaixonado pelo país (e por um turco). Rita conheceu Ian em um restaurante; foi amor à primeira vista. Ele a convenceu a se mudar para a Turquia para ficar com ele. Ela estava tão desesperada para encontrar um romance que o convite era irrecusável. Ela pediu e obteve aprovação para tirar um ano de licença não remunerada; seu emprego seria garantido para que ela pudesse retornar, se assim desejasse .

Enquanto Rita se preparava para a mudança, ela convenceu minha colega Carmen (que também havia trabalhado com ela) e eu a visitá-la com Ian em Istambul. Faríamos passeios com eles. Uma das viagens seria para Ancara, a capital. Ela tinha informações de uma fonte confiável de que o governo turco estava interessado em contratar consultores internacionais para realizar uma variedade de tarefas. Ian apresentaria uma proposta para o trabalho, apoiada por uma proposta que Rita, Carmen e eu elaboraríamos . A ideia era encontrar um emprego significativo para Rita, ao mesmo tempo que proporcionaria a Carmen e a mim experiência internacional. A viagem a Ancara era para participar de uma conferência de licitantes .

Para Carmen e para mim, esta era a nossa primeira viagem a um país muçulmano. Rita nos garantiu que, embora os seguranças do aeroporto de Istambul estivessem armados com metralhadoras, não deveríamos nos alarmar, pois as coisas eram assim na Turquia. Uma loira alta e incrivelmente atraente, Carmen certamente despertaria interesse onde quer que fôssemos; Rita já havia experimentado isso em primeira mão .

Fomos calorosamente recebidos no aeroporto por Ian e Rita, que nos mostraram os principais pontos turísticos: a Mesquita Azul, o Palácio Topkapi, o Bazar de Especiarias, o Grande Bazar, os elegantes hotéis ao redor da Praça Taksim e alguns ótimos restaurantes. Ao final de nossa primeira semana lá, nós Percebemos que o relacionamento entre Rita e Ian não era o que esperávamos. Havia tensão no ar o tempo todo; Rita havia trazido o filho para morar com eles, o que aumentava os níveis de estresse. Ian falava com Rita de maneira condescendente; ele elevava a voz para enfatizar seu ponto de vista. Carmen suspeitava que Ian era fisicamente abusivo; houve conversas sobre abortar a viagem. Resisti à sugestão de Carmen, sabendo que estaríamos ofendendo gravemente nossos anfitriões, um erro que poderia nos custar caro a longo prazo. Após longas discussões, optamos por ficar .

Nossa excursão a Ancara foi uma verdadeira revelação; Em uma rodovia de duas faixas congestionada com carros e caminhões, ultrapassar outro veículo é feito fazendo com que tanto o veículo da frente quanto o que vem na direção oposta abram espaço entre si para permitir sua passagem segura. Na primeira vez que isso aconteceu, Carmen e eu ficamos brancos como fantasmas. Rita nos garantiu que isso era normal; raramente os acidentes acontecem por causa disso. Ficamos impressionados com a boa vontade dos motoristas, que se acomodavam uns aos outros no que nós chamaríamos de uma abordagem temerária para dirigir na rodovia. Como não havia faixas de ultrapassagem, eles usavam o farol alto para sinalizar a intenção de ultrapassar o carro da frente. No mínimo, essas pessoas eram engenhosas na maneira como lidavam com essa situação nada ideal. A princípio, ficamos perplexos com o que acreditávamos ser necessário; não havia linhas pintadas no canteiro central ; realmente não havia necessidade para esse tipo de gasto. No final da segunda semana de nossa visita, começamos a nos sentir confortáveis, apesar das enormes diferenças culturais que estávamos encontrando .

Dois quartos haviam sido reservados no hotel; casais não casados não podem compartilhar um quarto. Ian e eu ficamos em um quarto, enquanto Rita e Carmen ficaram em um quarto em outro andar. No elevador, as chaves dos quartos foram trocadas; Ian não estava disposto a compartilhar um quarto comigo. Não me ofendi .

Na conferência de licitantes, conduzida inteiramente em turco, Rita, Carmen e eu éramos as únicas estrangeiras. Havia pouquíssimas mulheres na sala dominada por homens; percebi que alguns dos funcionários se perguntavam por que estávamos lá. Ian havia se concentrado em uma solicitação de proposta para um trabalho a ser realizado para os Correios da Turquia (PTT); algumas das instruções dadas foram úteis. Precisávamos do máximo de material de apoio possível para elaborar uma proposta razoável .

Logo após a reunião, voltamos para Istambul e começamos a trabalhar imediatamente. Um computador de mesa emprestado de parentes de Ian facilitou um pouco a tarefa de desenvolver a proposta .

Apesar de o teclado turco nos ter dado trabalho, todo o fim de semana da Páscoa foi consumido pela preparação deste documento, na esperança de que nos desse uma boa chance de conseguir o contrato. Nessa altura, a relação com os nossos anfitriões tinha azedado um pouco; nessa segunda semana, fui eu quem quis terminar a viagem. Carmen convenceu-me a aguentar; se jogássemos bem as nossas cartas, poderíamos chegar ao fim deste sofrimento miserável e voltar para o Canadá sem causar problemas. O bom senso prevaleceu, mas os últimos dias foram tensos .

No avião que nos levou de volta a Montreal, Carmen e eu conversámos longamente sobre a nossa experiência na Turquia. Nos perguntávamos se tínhamos sido tolos em aceitar o convite. Em nossa opinião, o relacionamento entre Ian e Rita provavelmente pioraria; temíamos por sua segurança. No fim, outra pessoa foi a vencedora do leilão; nunca mais tivemos notícias de Rita .

Pouco tempo depois do meu retorno da Turquia, um colega de trabalho com quem eu compartilhava muitos interesses me convidou para uma feira de antiguidades em Montreal. Algumas semanas depois, junto com meu irmão Phil e sua esposa Janice, participei da Feira de Antiguidades ao Ar Livre de Flamboro. Nos doze anos desde que me mudei para Ottawa, meu interesse por antiguidades e itens nostálgicos cresceu ano após ano. Foi em Flamboro que comprei uma travessa e uma tigela que mais tarde me levariam a colecionar peças de vidro da era da Depressão .

Através do meu amigo Michael, conheci John Edwards em um jantar; ele estava se mudando para Ottawa para trabalhar na biblioteca principal da Universidade de Ottawa. John e eu nos demos muito bem. Alto, moreno e bonito, ele tinha um ar jovial que lhe dava um ar travesso. Ele estava procurando um quarto para alugar até encontrar um apartamento, então ofereci meu segundo quarto. Na lista de desejos de John estava uma visita às Cataratas do Niágara; eu realizei esse sonho para ele. Fomos de carro até Niagara-on-the-Lake, onde almoçamos, e depois seguimos para as Cataratas do Niágara para ver essa extraordinária maravilha natural. Em nosso caminho de volta para Ottawa, passamos por Port Colborne, Kitchener e Toronto, o que permitiu que ele visse mais de Ontário .

Minha atração inicial por John desapareceu rapidamente por razões que ainda não consigo explicar. Talvez o encontro com uma nova pessoa que me impressionou bastante tenha contribuído para isso. Enquanto pedalava pela Somerset Street, conheci um ciclista chamado Jim Chatsworth, um jovem bonito, autoconfiante e barbudo que demonstrou considerável interesse em mim. Ele havia acabado de terminar um relacionamento longo; ele estava na Eu estava apaixonada por Jim, mas não era tola o suficiente para não perceber que o potencial para um relacionamento forte era, na melhor das hipóteses, fraco. Nos víamos apenas nos fins de semana; pelo menos uma vez por mês, ele ia visitar a família no sul de Ontário. Em outubro, ele anunciou que havia aceitado uma oferta de emprego em Toronto; ele se mudaria para lá antes do Natal. Mais um relacionamento tinha acabado! Não era para ser, então segui em frente sem muita dor, pelo menos era o que eu pensava .

No início de 1989, minha chefe percebeu que eu estava deprimida. Ela sugeriu uma viagem a Montreal; segui o conselho dela e reservei um quarto no Le Chasseur, um B&B gay no Village. Isso me ajudou a superar Jonathan e John. A semelhança entre os nomes deles me pareceu estranha .

Eles eram de Virgem; eu também. Como eu poderia esperar ter um bom relacionamento com alguém do mesmo signo? Quase todas as referências que li apontavam para dificuldades quando dois virginianos exigentes esperam fazer um relacionamento funcionar. Vários virginianos (Jim, John e alguns outros) entraram na minha vida e, embora eu parecesse me sentir atraída por homens do mesmo signo que eu, a experiência mostrou que não estava dando certo. Curiosamente, tanto Virgem quanto Gêmeos são regidos por Mercúrio e, ironicamente, Jean e Josh nasceram sob este signo .

Um bom presságio?

# Um gostinho da Áustria

A apenas duas horas de Munique, Salzburgo estava no horizonte. Por mais improvisada que nossa viagem tivesse sido até então, Salzburgo era diferente. Tinha duas atrações principais para mim: eu queria ver o local de nascimento de Mozart quase tanto quanto qualquer coisa relacionada às filmagens de "A Noviça Rebelde". A arquitetura da cidade velha de Salzburgo confere-lhe uma atmosfera de elegância e classe. Este Patrimônio Mundial da UNESCO, com seus 150.000 habitantes, é espetacular. A cidade velha é dominada por suas torres barrocas, igrejas e o imponente Castelo de Hohensalzburg, que se ergue majestosamente (um dos maiores castelos da Idade Média na Europa).

Não é de admirar que os estúdios de cinema tenham escolhido esta cidade como cenário para as filmagens de um dos filmes mais amados de Hollywood. Entre os muitos belos edifícios, encontra-se a mais antiga casa religiosa do mundo de língua alemã. A Abadia de Nonberg, fundada em 714, adquiriu fama internacional graças a "A Noviça Rebelde". Maria Augusta Kutcher, mais tarde Maria von Trapp, uma postulante da abadia cuja vida serviu de base para o filme, era órfã aos 17 anos quando, em 1923, escolheu ingressar na ordem beneditina. A interpretação de Julie Andrews como Maria é, na minha opinião, a escolha de elenco mais memorável de todos os tempos. Eu era apaixonado por Julie. Se eu fosse heterossexual, teria procurado uma imitadora razoável dessa deslumbrante atriz inglesa. Nenhuma outra mulher no mundo tinha a sua graça, a sua beleza, a sua voz e o seu talento. O seu sotaque britânico é uma mais-valia .

Além da Abadia de Nonnberg, os locais reais de filmagem incluem o Cemitério de São Pedro, o Palácio Leopoldskron, o Palácio de Hellbrunn e os Jardins Mirabell, onde Maria e as crianças cantaram "Dó-Ré-Mi" enquanto passeavam à volta de uma fonte. "Edelweiss", também escrita para o filme, foi adotada pelo povo de Salzburgo; não é a canção tradicional austríaca que se pretendia ser. Optámos por não fazer o Tour de A Noviça Rebelde, preferindo, em vez disso, passear pelos vários locais. Satisfeito por ter visto alguns dos principais locais de filmagem do filme, eu estava pronto para explorar o local de nascimento de Mozart .

Joshua estava muito mais interessado em Mozart do que em A Noviça Rebelde . Com a ajuda de um mapa da cidade, localizamos o número 9 da Rua Getreide Gasse, a casa onde Mozart nasceu e cresceu antes de se mudar para Viena. Este prédio de vários andares não tinha nada do charme de uma casa antiga que esperávamos ver. Decepcionados, continuamos caminhando pela cidade velha, onde quase todas as lojas vendem algo relacionado a Mozart; chocolates são o principal produto oferecido .

A comercialização de Mozart era de se esperar; não se pode culpar os habitantes de Salzburgo por aproveitarem essa oportunidade. O turismo nesta charmosa cidade é um grande negócio e os moradores o levam a sério .

Em nosso caminho novamente, no meio da tarde, estávamos no centro de Viena, um lugar muito diferente de Salzburgo: motoristas impacientes e carros estacionados em fila dupla por toda parte. Nossa primeira impressão da capital austríaca não foi muito boa; velha e suja, a cidade e seus habitantes precisavam de uma revitalização, pensamos. A Catedral de Santo Estêvão e a área de compras para pedestres que a circunda foram a exceção .

Ali, as lojas são modernas e limpas; as pessoas são atraentes, bem vestidas e prósperas. Chegamos a tempo para um impressionante recital de órgão no final da tarde na Igreja de Santo Estêvão. Não só o interior da igreja era notável, como o organista apresentou um breve concerto que incluiu vários estilos de música sacra e profana para deleite da enorme multidão que se reunira. Sentimo-nos privilegiados por estarmos no lugar certo na hora certa .

Como esperado, Viena é uma cidade movimentada e ter um quarto reservado com antecedência tinha sido uma boa ideia – ou assim pensávamos. Nos primórdios da internet, conseguimos encontrar o que achávamos ser uma acomodação adequada no centro de Viena. Sem fotos, tínhamos que confiar nas palavras, que nem sempre descreviam com precisão a situação. O Hotel Minu 3 foi um desastre que causou bastante estresse em nosso relacionamento. Embora Joshua não seja do tipo que reclama quando as coisas são diferentes do que esperava, ele não se sentiu confortável naquele lugar. Aliás, os funcionários foram bastante antipáticos, a ponto de nos perguntarmos se não teria sido melhor procurar outra acomodação. Tentamos, sim. No fim, devido à dificuldade de encontrar um quarto acessível nessa metrópole, suportamos o que ainda consideramos o pior hotel do mundo; os comentários no TripAdvisor confirmam isso. Se esse site existisse em 1992, certamente não teríamos nos hospedado lá .

A decoração era muito sombria; Cortinas marrom-escuras, um tapete rosa-pó imundo, uma colcha de veludo cotelê verde desbotado, um sofá de três lugares sem graça, uma mesa de centro de vidro e cromo muito antiga e o lustre mais horrível pendurado em um teto de quatorze pés (aproximadamente 4 metros). Todas as lâmpadas eram de potência extremamente baixa; simplesmente não dava para enxergar o quarto direito (talvez isso fosse uma bênção disfarçada). Nos agarramos um ao outro por medo e ansiedade na pior cama em que já tínhamos dormido . Por puro acaso, deparamo-nos com uma exposição no Palácio Hofburg, residência de inverno da Dinastia Habsburgo, governantes do Império Astro-Húngaro. A mostra, intitulada "100", incluía objetos do cotidiano em lotes de cem peças. Além disso, havia itens atípicos, como um jovem casal nu dormindo dentro de um cubo de vidro e um carregador de bagagens transportando-as de um lugar para outro e de volta ao ponto de partida. O uso de manequins vivos em um museu foi uma novidade para nós; ficamos curiosos para saber se eles gostavam do trabalho .

A residência de verão dos monarcas Habsburgos é o Palácio de Schönbrunn, uma residência imperial rococó com 1.441 cômodos, localizada nos arredores de Viena, às margens do Danúbio. Com mais de 2 milhões de visitantes por ano, este é de longe o destino turístico mais popular de Viena. Todos os cômodos abertos ao público foram ricamente restaurados e mobiliados com móveis autênticos da época. Era óbvio para mim que Joshua estava gostando do passeio tanto quanto eu: definitivamente algo que tínhamos em comum. Notamos com interesse que o palácio também havia sido usado por Napoleão (para nossa grande surpresa) .

Eu sabia que Joshua apreciaria os jardins do palácio; ele havia se divertido muito explorando o Jardim Inglês em Munique. Com calma, passeamos pelo gramado do palácio para observar mais de perto a Fonte de Netuno e a Gloriette (uma alta muralha de 11 arcos sustentada por colunas dóricas, que serve como memorial de guerra), as principais atrações ao ar livre na vasta paisagem inglesa, que inclui um arboreto e jardins botânicos .

Palácios, parques e doces eram nossos principais interesses na Europa. Joshua se encantava com qualquer um deles. Sugeri que fôssemos à Ópera Estatal para provar a Torta Sacher, uma das mais famosas especialidades culinárias vienenses, sempre disponível no Café da Ópera Estatal. Jonathan já tinha estado na Áustria antes de eu o conhecer e jurava por este autêntico bolo de chocolate, inventado em 1832 em Viena. Só de pensar nele, minha boca já saliva. Exploramos os espaços públicos deste incrível edifício de artes cênicas, que data de 1862 e cujas personalidades mais famosas incluem Gustav Mahler e Herbert von Karajan . Uma enorme quantidade de CDs estava escondida no carro, longe de olhares curiosos; Joshua estava determinado a enviá-los para Ottawa. Ele os empacotou cuidadosamente em uma caixa e a lacrou; os endereços de destino e de retorno eram os mesmos. Em seguida, fomos ao correio austríaco local; um prédio enorme com tetos altíssimos. Joshua aproximou-se do primeiro poste aberto e entregou-lhe o pacote; o funcionário dos correios olhou para ele com olhos inquisitivos. Falando em alemão no topo Em seguida, ele disse algo que não conseguimos compreender. Quando percebeu que não tínhamos entendido uma única palavra, apontou para os dois endereços e balançou a cabeça da esquerda para a direita, indicando que aquilo era impossível. Meu conhecimento muito limitado de alemão não serviu de nada naquela situação. Após alguns minutos de silêncio, o carteiro nos fez sinal para segui-lo até outro guichê para resolver a questão. Suspeitávamos que um de seus colegas falasse inglês e que pudéssemos explicar nosso dilema .

A expressão de desagrado do segundo funcionário foi muito reveladora; ele não estava disposto a nos ouvir. Imaginamos que ele pensasse que estávamos tentando burlar as tarifas de importação da alfândega canadense. Assim que ele entendeu o motivo de o endereço de remetente ser o mesmo que o de destino, ele relaxou. Era simplesmente uma maneira de garantir que o pacote não fosse devolvido à Áustria, já que não tínhamos um endereço fixo em Viena. Será que ele estava mudando as regras para nos favorecer? Ele colocou o selo correto depois de receber o dinheiro que devíamos .

Para ter uma ideia de como os vienenses vivem, passamos um tempo na Neubaugasse, uma rua lateral popular perto da Mariahilfer Strasse. Paramos para tomar café e comer doces no Café Ritter, uma instituição vienense .

O café europeu é muito mais forte que o nosso; foi preciso bastante creme e açúcar para torná-lo palatável. Os doces eram outra história; só de olhar para eles já dava água na boca e engordávamos. As opções e a variedade eram infinitas; nos sentíamos como crianças numa loja de doces .

Não tínhamos certeza se nossas roupas ou nossa aparência nos entregavam; éramos definitivamente turistas em um país estrangeiro. De vez em quando, homens gays sorriam para nós, percebendo que éramos um casal. Esse reconhecimento bem-vindo ajudou bastante a compensar as emoções negativas relacionadas à nossa péssima acomodação.

# Toronto, a fantástica

Um número surpreendentemente grande de gays de Ottawa, insatisfeitos com a vida em uma cidade governamental onde as calçadas são recolhidas às 21h, se mudam para Montreal ou Toronto. Eu testemunhei isso desde meus primeiros dias na capital. Cidades maiores oferecem mais, mas eu estava bastante satisfeito em viver em um ritmo mais lento e civilizado em uma cidade com muitos espaços verdes. A ideia de me estabelecer em uma dessas cidades me atraía tanto quanto viver em Marte. Era um prazer visitar, e depois de um fim de semana de diversão, eu sempre ficava feliz em arrumar minhas malas e retornar ao conforto da pequena cidade de Ottawa. Minha vida aqui era completa, embora nos primeiros anos em que morei nesta cidade verdejante, nem sempre fosse possível encontrar tudo o que eu queria. As viagens ocasionais geralmente combinavam compras, idas a bares e encontros com amigos que haviam deixado a capital do país em busca de melhores oportunidades .

Mesmo assim, o fascínio da cidade grande sempre esteve presente e, quando, no inverno de 1989, soube de uma vaga de trabalho temporário em Toronto, manifestei meu interesse, mas apenas se fosse por um período determinado. O Conselho de Imigração e Refugiados estava procurando um funcionário experiente para sua unidade na Front Street. Adquirir experiência regional sem ter que me comprometer com uma mudança permanente foi uma dádiva. O departamento concordou em fornecer uma ajuda de custo substancial que me permitiu alugar um quarto na cidade e voltar a Ottawa uma vez por mês. A condição era que eu concordasse em ficar até o final do ano. Meu departamento de origem viu isso como uma ótima oportunidade de aprendizado. Eu continuaria sendo funcionário do Departamento de Energia, Minas e Recursos e deveria retomar minhas funções normais ao final da missão .

No início de abril, voei para Toronto e assumi minhas novas funções. Eu me reportava ao gerente de RH em Ottawa, mas trabalhava sob a direção do gerente regional (Larry Matterhorn), um homem gay afável com um apurado senso de negócios. Sua abordagem direta e sem rodeios agradou à minha personalidade virginiana; nos demos muito bem .

Consegui alugar um quarto em um apartamento no número 25 da Maitland, no coração do bairro gay; a um passo do 'Trax', um bar de jeans e couro. Minha vida girava em torno do trabalho e desse bar gay; lá, conheci Ronnie, um homem alto e magro de Milton, com quem me confidenciei. Em pouco tempo, nos tornamos bons amigos; ele conhecia a cena de Toronto e podia me dizer quem ou o que evitar. Ronnie era um homem de couro conhecido, gentil como um gato. Eu podia contar com o encontro quando ia ao 'Trax'. Ele estava *sempre* lá .

A sala da frente do 'Trax' tinha sido uma funerária muito antes do bar gay abrir. Nela, um piano de cauda e um pequeno balcão preenchiam o espaço disponível. Todas as noites de dias úteis, havia música ao vivo; um jovem gay enérgico tocava piano e fazia as drag queens mais velhas cantarem. Era muito emocionante; muitos deles não tinham família. Eles estavam no auge da felicidade cantando a plenos pulmões canções de musicais com seus amigos .

Alguns dos rapazes mais jovens, que como eu gostavam de musicais, entravam pelo bar dos fundos para assistir às apresentações noturnas improvisadas. Eu me peguei cantando junto com os velhinhos, torcendo para que nenhum deles percebesse, ou pior, me ouvisse cantando desafinado! "O Fantasma da Ópera" tinha acabado de estrear no restaurado teatro Pantage. O pianista do Trax conhecia todas as músicas e letras desse musical de Andrew Lloyd Webber. Antes de ir para Toronto, fiz uma viagem especial para ver "O Fantasma da Ópera"; eu já estava bastante familiarizado com a trilha sonora. Quanto mais eu ouvia essa música, mais eu gostava dela. Convenci Ronnie a me acompanhar no meu aniversário para uma noite especial na cidade, que incluía um jantar no restaurante do Hotel Windsor Arms e ingressos para "O Fantasma da Ópera". Foi ainda melhor na segunda vez .

Se havia uma vantagem distinta em uma cidade grande, era o acesso a apresentações musicais em qualquer noite. Eu poderia ter gasto uma fortuna em shows. Minha preferência por música coral encontrou satisfação em um festival chamado Joy of Singing, que trouxe a Toronto coros e grupos vocais do Canadá e de muitas partes do mundo. Um concerto dos 'King Singers' da Inglaterra no Roy Thompson Hall foi o ápice da perfeição musical. Esse grupo a cappella masculino tinha as vozes mais refinadas que eu já ouvi. Meu gosto musical inclui outros gêneros e, durante meu tempo em Toronto, vi Dionne Warwick e Shirley Bassey se apresentarem. Ronnie insistiu para que eu assistisse a uma apresentação ao vivo do Rocky Horror Picture Show no Bathurst Theatre; ele estava certo, o espetáculo fez jus à sua promessa de música memorável e roteiros extravagantes .

Provincetown me chamou novamente; O fim de semana do Dia do Trabalho em Cape Cod é inebriante. Alterei meus planos de viagem habituais, indo primeiro a New Brunswick para visitar meu pai em Dalhousie. De lá, dirigi até Frederickton para uma breve visita ao meu irmão Danny e sua família .

Como nunca tinha estado em Ogunquit, Maine, e como ficava a caminho de Cape Cod, passei algum tempo neste resort pequeno que atende a muitas comunidades, incluindo a gay. Ogunquit é mais sofisticado .

A cidade de Provincetown é mais rica que Provincetown, mas sua opulência tende a afastar justamente o público que tenta atrair. Com menos estabelecimentos gays do que Provincetown, há menos o que fazer por lá; existe o Ogunquit Playhouse, um teatro de verão tradicional que oferece apresentações de qualidade durante a curta temporada turística. Nunca chegamos a ir a esse teatro, pois os ingressos esgotavam com bastante antecedência .

Dirigindo pela Rodovia 95, entrei na região metropolitana de Boston; você pode pegar o anel viário ou atravessar a cidade. Em uma manhã de sábado, havia muito menos trânsito, então escolhi a rota mais curta (pelo centro da cidade). Eu tinha lido sobre uma proposta para construir uma enorme rodovia subterrânea que permitiria que o tráfego evitasse as partes mais congestionadas da cidade. Levaria muito tempo para ser construída. Ao longo dos anos, aprendi a evitar ir a qualquer lugar perto do centro de Boston, pois o trânsito lento e congestionado acrescentava uma ou duas horas ao tempo de viagem .

Poucos lugares oferecem a tranquilidade encontrada em Provincetown; esse era um dos motivos pelos quais eu ia lá religiosamente todos os anos no outono. A combinação do sol quente, da brisa fresca, das dunas de areia limpas, da boa comida e do excelente entretenimento era difícil de resistir. Em cada visita, Tillie e Clarence Kacergis, os proprietários das suítes em que me hospedei, preparavam sopa de couve como um mimo especial. Era a maneira peculiar de Tillie nos agradecer, a nós canadenses que, a cada temporada, alugávamos quartos em seu pequeno motel .

Os moradores de Toronto têm a sorte de ter excelente acesso a ofertas de viagens e promoções de última hora. Em busca de uma verdadeira pechincha em algum lugar mais quente e menos sombrio do que Toronto em novembro, meu pedido ambicioso foi atendido pela Cubana de Aviación. Ela oferecia voos diários para Varadero, incluindo uma estadia de uma semana na Villa Cuba por uma ninharia. A Villa Cuba pertencia à família Dupont antes de eles deixarem a ilha às pressas; a propriedade foi então assumida pelo governo Castro, que a operou como um resort turístico três estrelas com tudo incluído. Os quartos nos grandes chalés de hóspedes eram alugados individualmente. Não havia nada de luxuoso no lugar. As refeições servidas em um local que me lembrava o refeitório de uma universidade em Frederickston eram adequadas. Era estranho estar em um lugar onde praticamente não havia americanos. Mais estranho ainda era que os alemães tivessem descoberto as belezas de Cuba; o Hotel Gaviota, ao lado da Villa Cuba, poderia facilmente ser confundido com um pequeno resort alemão .

Embora eu tenha gostado de Toronto, a cidade carecia de espaços verdes. Concreto por toda parte! Era sufocante; no calor do verão, o lugar era como um forno. Com Ronnie como meu guia, descobri as Ilhas de Toronto, que considerei o Central Park da cidade .

Acessível por balsa no verão, esse oásis urbano permitia que os moradores da cidade nadassem no Lago Ontário e tomassem sol em praias imaculadas próximas .

Ao final da minha missão, fiquei feliz em voltar para casa, em Ottawa. Mais um episódio da minha vida havia terminado e eu estava ansioso pelo que o futuro me reservava.

# Ponte dos Suspiros até Ponte Vecchio

As autoestradas austríacas são como vias expressas; para evitar acidentes, é preciso acompanhar o fluxo. Dirigimos acima dos limites de velocidade indicados, mas todos os outros também. Quanto mais nos afastávamos de Viena, menos congestionado ficava. A Rota A-2, que segue na direção Norte-Sul, vira para Leste-Oeste cerca de duas horas a leste de Graz. Com uma suave inclinação descendente, a autoestrada oferece panoramas simplesmente deslumbrantes. Quanto mais nos aproximávamos da cidade de Graz, mais irritado eu ficava por não termos planejado parar nesta bela e pequena cidade. Com a intenção de chegar a Veneza ao anoitecer, tivemos que nos contentar com vistas panorâmicas desta grande área urbana .

Logo depois de Graz, mas antes de entrarmos na Itália, no final de uma ladeira muito longa onde o limite de velocidade indicado era significativamente reduzido, fomos parados pela polícia. Não éramos os únicos apanhados na operação; muitos outros que não tinham visto o carro fantasma a meio da ladeira também foram parados e multados com uma pesada multa que teve de ser paga em dinheiro na hora. Com 200 dólares a menos nos bolsos, seguimos viagem. Não estávamos nada contentes! Isto era definitivamente uma mina de ouro para o governo austríaco e uma triste despedida para os estrangeiros que saíam do país .

Ao entrarmos na Itália, onde quase tudo está sinalizado apenas em italiano, ficámos perplexos com as suas peculiares autoestradas com portagem. Uma máquina de bilhetes automática à beira da estrada parecia não estar em uso; todos os outros motoristas passavam em alta velocidade, então fizemos o mesmo. Um pouco mais adiante, entendemos que o custo do uso da rodovia com pedágio era baseado em onde entrávamos; não ter retirado um bilhete da máquina significava que não tínhamos comprovante de onde havíamos entrado na rodovia e, portanto, provavelmente pagaríamos uma multa ou uma quantia considerável. Pela segunda vez no dia, nossas carteiras sofreram um baque. Sob chuva forte e neblina densa, finalmente chegamos a Pádua, o lugar mais próximo de Ve Nice que conseguimos alcançar de carro .

Encontrar um lugar decente para ficar em um país estrangeiro, quando está escuro e chovendo, provou ser um pouco desafiador para o nosso relacionamento. Eu percebia que Joshua estava se contendo. Ele tendia a não falar quando estava estressado. Pádua ao anoitecer não era um lugar fácil de se locomover. Depois de várias tentativas frustradas de encontrar um hotel com vaga, decidimos tentar a sorte no Sheraton; lembrando do quarto horrível em Viena, um upgrade para um hotel melhor era necessário. Pagando US$ 200 por noite, nos deram um quarto digno da realeza, com um banheiro todo em mármore .

Nos instalamos no quarto e depois saímos para comer algo; Joshua queria pizza italiana. Na Via San Marco, encontramos o O único restaurante aberto naquele horário era o Ve Nice; a pizza teria que esperar, pois não estava no cardápio. Joshua sugeriu Ve Nice; seu talento para boas escolhas me influenciou a fazer o mesmo. Não nos decepcionamos .

O hotel Sheraton permitia que os viajantes que visitavam Ve Nice deixassem seus carros no estacionamento seguro. Um ônibus nos deixou no cais, onde embarcamos em um vaporetto (táxi aquático) para o Grande Canal. Joshua havia ido à Itália quando criança e visitado Ve Nice em uma excursão escolar. Ele estava ansioso para ver a cidade flutuante mais uma vez. Ele esperava encontrar água até os joelhos na Piazza San Marco, onde as inundações são frequentes; Quando isso acontece, as autoridades municipais instalam rapidamente passarelas elevadas temporárias para que as pessoas possam se locomover .

O icônico Campanário de São Marcos é o que a maioria das pessoas lembra de Veneza; esta torre quadrada é o marco veneziano mais reconhecível nesta área metropolitana extremamente populosa. Embora carros e caminhões possam acessar algumas partes da cidade, a ilha principal é exclusiva para pedestres, com acesso pelos diversos canais .

Enquanto caminhávamos, avistamos um escritório da American Express; eles ofereciam passeios a pé acessíveis em vários idiomas, que incluíam um passeio de gôndola. Nosso guia experiente narrou a excursão de três horas para o nosso pequeno grupo, falando com três subgrupos linguísticos. Foi uma orientação perfeita para esta cidade tão peculiar .

Por conta própria, fomos a Murano para conhecer as fábricas e lojas de vidro soprado. A uma curta viagem de táxi aquático, a ilha de Murano é totalmente diferente das áreas turísticas de Venic. As visitas às fábricas geralmente incluem uma visita à linha de produção, onde se pode testemunhar a fabricação do vidro soprado do início ao fim. A última parada é a obrigatória loja de presentes, onde a tentação pode ser cara .

"Você pensou que algum dia voltaria a Venic?", perguntei .

"Este lugar é tão romântico; eu queria voltar aqui com alguém especial!", disse Joshua .

"Missão cumprida?", provoquei .

'Eu só queria poder te abraçar sem sentir que estamos constrangendo os outros. Talvez seja só impressão minha; talvez ninguém ao nosso redor se importe ou perceba. O mundo está evoluindo, mas quando se trata de aceitação de relacionamentos entre pessoas do mesmo sexo, acho o progresso extremamente lento. Daqui a 25 anos, teremos que voltar; certamente, até lá, ver dois homens se abraçando ou se beijando será algo comum', disse Joshua .

'Você está sugerindo que este seria um bom lugar para comemorarmos nosso 25° aniversário ?', perguntei .

'Descendo o Grande Canal em um cruzeiro para marcar o aniversário...' 'A ocasião seria para ser celebrada com estilo, não acha?', respondeu Joshua .

'É melhor começar a economizar agora, porque 25 anos passarão num piscar de olhos!', concluí .

As vistas e os sons de Veneza nunca deixam de impressionar; do Palácio Ducal, à Ponte dos Suspiros, à Basílica de Santa Maria Gloriosa de i Frari, decorada com obras de arte de Bellini, Ticiano e Donatello, há algo para todos nesta cidade singular e incomum. Poderíamos passar semanas aqui e ainda não teríamos tempo suficiente para ver tudo .

Levamos apenas duas horas e meia de Pádua a Florença, mas gastamos quase o mesmo tempo procurando o Hotel Palazzo Vecchio: ruas de mão única e sinalização precária dificultaram a tarefa. Nosso quarto no segundo andar parecia ter saído de um convento: austero, sem cor e sem banheiro. A um preço reduzido, estava bom; o vaso sanitário à nossa disposição era uma aventura. Chamá-lo de vaso sanitário é certamente mais apropriado do que se referir a ele como banheiro .

O planejamento estratégico das atividades no banheiro era essencial; o pequeno cubículo que abriga todo o banheiro também é o chuveiro. Portanto, a pia e o vaso sanitário ficam dentro do chuveiro. Melhor evitar usar o chuveiro até que todas as outras atividades estejam concluídas; dessa forma, assim que você terminasse de usar a pia ou o vaso sanitário, estaria pronto para o chuveiro e com a garantia de se molhar em todas as direções .

Nossa primeira parada no passeio a pé autoguiado foi a Catedral gótica de Santa Maria del Fiore, uma estrutura do século XI coberta com painéis de mármore policromado em vários tons de verde e rosa. A cúpula da catedral, que em certa época foi a maior do mundo, continua sendo a maior cúpula de tijolos já construída e serviu de inspiração para a cúpula de Michelangelo na Basílica de São Pedro, em Roma. A Catedral fica na Piazza del Duomo, bem em frente ao Batistério de São João .

De lá, seguimos para a Ponte Vecchio, a única em Florença que não foi danificada na Segunda Guerra Mundial. Ao longo de toda a ponte, há vendedores oferecendo ouro ou lembrancinhas baratas. Joshua e eu tínhamos sido avisados sobre batedores de carteira, então tomamos precauções extras. Notamos que os ladrões trabalhavam em grupo; usando celulares, eles rastreavam vítimas em potencial e então cercavam essas pessoas para oferecer ajuda enquanto as roubavam ao mesmo tempo. Seus esquemas elaborados funcionam bem enquanto conseguem manter suas operações discretas .

Nenhuma visita a Florença estaria completa sem um passeio pela Galeria Uffizi, que outrora abrigou os escritórios administrativos da família Médici. Como a primeira galeria pública do mundo, ela contém algumas das melhores obras de arte do século XX .

O mundo era repleto de obras de artistas renomados como Michelangelo, Botticelli, da Vinci, Rafael, Rubens, Rembrandt e Donatello. Era difícil absorver tudo; depois de um tempo, a gente fica saturado .

Por volta das 6 da manhã, entramos no carro para sair da cidade de forma rápida e fácil. Fiz algumas curvas para chegar a uma avenida principal e a encontrei quase vazia. Não demorou muito para percebermos que estávamos em uma avenida de mão única com oito faixas, dirigindo na direção errada. Fiz a conversão em U mais rápida que já dei, digna do Livro Guinness dos Recordes. O rosto de Joshua empalideceu de medo. Dez minutos depois, estávamos na zona rural da Toscana, a caminho de Pisa, ainda nos recuperando do nosso erro.

# Em Louvor a Clive

Continuei meu envolvimento com a Lambda Ottawa após retornar de Toronto em dezembro de 1989. Agora parte do Comitê Executivo, era uma boa oportunidade para contribuir com uma organização gay local, cuja membresia era composta principalmente por homens gays profissionais. Muitos deles eram solteiros e não frequentavam bares; uma festa de Dia dos Namorados para solteiros na casa do presidente foi um enorme sucesso. Nessa festa concorrida, um homem bonito que eu já havia notado demonstrou interesse em mim. Um pouco mais velho do que eu, Clive era alto, desleixado e inteligente. Ele era tão diferente de todos os caras com quem eu havia me relacionado anteriormente que eu não achava que teríamos chance de nos tornarmos um casal. Clive era casado; seus dois filhos adolescentes moravam com ele. Eu não pretendia morar com ele, nem ele havia me pedido para isso. Nossa relação era de conveniência; nos víamos principalmente nos fins de semana. Clive trabalhava com publicação musical; ele escrevia orquestrações para muitas peças antigas de compositores canadenses desconhecidos ou pouco conhecidos, independentemente do instrumento para o qual foram originalmente criadas .

Naquela época, o mundo editorial não era um mistério para mim; eu havia escrito material novo para crianças pequenas e estava ansiosa para lançá-lo no mercado. Minha nova coleção de livros bilíngues para pré-escola era ousada; as editoras ficam receosas quando o público-alvo não está claramente definido. Com o tempo, consegui convencer a editora que eu havia garantido para minha primeira coleção a publicar o que eu chamava de "Coleção Parminou". Eles concordaram com a condição de que eu encontrasse um ilustrador disposto a um contrato baseado apenas em royalties. Meses de trabalho meticuloso do artista resultaram em 56 desenhos requintados de gatos. Em março de 1990, a Coleção foi lançada discretamente na Feira do Livro de Gatineau. Clive, meu maior fã, estava muito orgulhoso de mim. Ele entendia o árduo processo de lançar um livro no mercado .

A euforia em torno dos meus novos livros foi contrabalançada por outra morte na comunidade. Eu havia cuidado de Leon não apenas para cumprir minha promessa a Norman, mas porque me importava profundamente. Ele era um pilar em nossa comunidade; sentiremos muito a sua falta. O Club Moustache sobreviveria graças às bases sólidas que Leon havia estabelecido. As semanas que se seguiram à sua morte foram as mais tristes que presenciei em muito tempo. Como abutres atrás da presa, pessoas apareceram na casa querendo uma parte do patrimônio. Anos depois, as pessoas envolvidas nessa apropriação indevida de bens ainda não se falam . O que leva as pessoas a um comportamento tão baixo? Norman e Leon ficariam horrorizados .

Alguns meses depois, sofri meu primeiro episódio grave de uveíte; fiquei afastado do trabalho por duas semanas. O estresse no trabalho e as mortes na comunidade gay me deixaram muito deprimido. Clive foi um pilar de força; sem sua ajuda e apoio, esse grande revés poderia ter sido muito pior. Ele tinha um jeito de colocar as coisas em perspectiva; aquilo não era uma questão de vida ou morte. Nossa conversa sobre se era pior perder a audição ou a visão me fez perceber que tudo depende do que é mais importante para você. Como Clive era um musicólogo, sua audição era mais importante do que a visão perfeita. O oposto era verdadeiro para mim; minha memória visual era meu ponto forte. Não enxergar o futuro com clareza foi em parte responsável pelos meus problemas de visão. Eu havia lido que o corpo é o mensageiro dos problemas que tentamos esconder .

Clive foi facilmente persuadido a me acompanhar na minha viagem anual a Cape Cod. A *contrapartida* era que incluiríamos Halifax em nossas viagens; ele havia morado lá com a esposa e estava ansioso para voltar. De Halifax, cruzamos de volta para New Brunswick a caminho da fronteira com os EUA. Queríamos passar um tempo em St. Andrews By-the-Sea, pois nenhum de nós havia estado lá. Esta cidade lealista do Império Unido, fundada em 1783, abriga o histórico Algonquin Resort, de propriedade da rede Marriott Hotels. Nos permitimos esse luxo sem o menor remorso . Unidade n°. A casa da Tillie estava pronta quando chegamos; a sopa de couve estava cozinhando em fogo baixo. Tillie e Clarence nos trataram como família. Seus amigos canadenses eram importantes para ela; na opinião dela, éramos inquilinos atenciosos. Qualquer outro canadense indicado a ela pelo nosso pequeno grupo tinha prioridade. Ela nunca teve uma experiência ruim com "os caras do norte", como ela nos chamava carinhosamente .

Desde o momento em que chegamos, Clive se sentiu em casa; era como se ele já tivesse estado lá muitas vezes antes. Sem as crianças por perto, um Clive relaxado era a pessoa mais feliz do lugar. Seu largo sorriso confirmava que o ambiente era perfeito para ele. A informalidade da cidade e do motel em que ficamos combinava com sua personalidade tranquila . Na terça-feira após o Dia do Trabalho, quando a cidade retoma um ritmo mais normal, estabelecemos uma rotina tranquila: café da manhã na varanda, leitura, almoço na varanda, um passeio até a praia, arrumação para o chá da tarde, jantar em um restaurante seguido de uma caminhada pela Commercial Street para observar as pessoas bonitas e dar uma olhada nas lojas. Esse estilo de vida tranquilo é maravilhoso nos primeiros dias; conforme a semana avançava, deixamos de lado o passeio à praia em favor de uma excursão a uma das muitas cidades charmosas de Cape Cod, onde abundam antiquários e lojas de artesanato .

Escapar para um lugar longe de Ottawa significava que eu poderia temporariamente esquecer a dor causada pelo vírus da AIDS. Só por essa razão, o alívio proporcionado pela excitação e diversão que encontrei em Provincetown curou minhas feridas rapidamente, mas menos de dois meses depois dessa viagem, mais dois amigos gays do meu círculo faleceram . Logo após essa tristeza, quase um ano depois de Clive e eu termos começado nosso relacionamento, terminamos por mútuo consentimento, após uma longa conversa no restaurante Henri Berger, em Gatineau. Éramos melhores amigos, mas nenhum de nós estava apaixonado pelo outro. Era um caso sem esperança; não havia sentido em continuar .

Comecei a pensar que não nasci para ter relacionamentos duradouros. De todas as pessoas com quem tive intimidade ao longo dos anos, nenhuma era aquela com quem eu queria passar o resto da vida. Contentar-me com o segundo melhor não era suficiente para mim; fui criada com a ideia de que era melhor almejar o melhor, mesmo que isso significasse abrir mão de algo por um longo tempo. Embora isso se aplicasse principalmente a coisas materiais, por extensão, também poderia se aplicar a amigos, parceiros ou cônjuges.

# Do moderno ao brega

Pisa era exatamente como Joshua se lembrava. Concluída em 1372, a Torre de Pisa, campanário da Catedral, já se inclinava durante a construção. Os corajosos que quisessem subir a escada em espiral até o campanário precisariam esperar até que as portas fossem abertas aos visitantes. Naquela manhã fria e úmida de outono, optamos por não esperar; tiramos algumas fotos da torre, da catedral e do batistério. Despedimo-nos da Toscana e seguimos em direção aos Alpes .

Quanto mais nos aproximávamos da Suíça, mais dramática se tornava a paisagem. Rodovias elevadas, quilômetros acima de enormes fendas, nos davam a impressão de estar dirigindo no ar rarefeito. Ao me aproximar da cidade de Aosta, as vistas eram inacreditáveis; pareciam surreais. Eu havia notado que Joshua estava estranhamente quieto há um longo tempo. Como eu não podia tirar os olhos da estrada com medo de voar por cima da mureta de proteção e cair nos desfiladeiros, seu silêncio me incomodava. Eu não havia percebido que seus olhos estavam fechados e que ele estava branco como um fantasma. Não havia como parar o carro em lugar nenhum para descobrir o que estava acontecendo. De repente, ouvi- o murmurar que tinha medo de altura .

"Isso é novidade para mim", eu disse .

"Eu sei que este é um lugar muito bonito, mas estou tremendo e minhas mãos estão suadas", disse Joshua. 'Vou manter meus olhos fechados até você me dizer que ultrapassamos esta região. Não consigo imaginar como construíram essas estradas em um terreno tão acidentado e sobre pilares de concreto a quilômetros de altura. Só de pensar nisso, meu estômago embrulha.' 'Bem, bem, estou descobrindo coisas sobre você que eu não sabia', eu disse. 'Acho que vou ter que subir escadas para trocar lâmpadas ou consertar coisas no telhado.' 'Sinto muito, mas não há nada que eu possa fazer', disse Joshua .

'Lembra quando conversamos sobre dirigir de Miami até Key West? Na época, eu não queria te contar que também tenho medo de atravessar uma ponte longa sobre a água. Deve ter alguma coisa a ver com uma vida passada.' 'Teremos que encontrar maneiras de facilitar as coisas para você', eu disse. 'Por exemplo, podemos voar para Key West ou, melhor ainda, chegar lá de navio de cruzeiro.' O que eu acabara de descobrir sobre Joshua não era o tipo de coisa que me assustaria ou me faria mudar de ideia. Eu precisaria estar atenta às suas fobias e ele faria o mesmo por mim .

À medida que nos aproximávamos da entrada do túnel do Mont Blanc, a paisagem era ainda mais impressionante; nevava mesmo que.. .

Era início de outubro. Inaugurado em 1965, este túnel subterrâneo de 11,6 quilômetros, com duas faixas em cada sentido, que liga o norte da Itália à França, é uma importante rota transalpina para caminhões. Eu me perguntava se Joshua teria problemas no túnel, mas para minha surpresa, ele não demonstrou medo; no entanto, a fumaça dos enormes veículos de transporte nos fez engasgar algumas vezes. O trajeto era lento, com trânsito congestionado. O tempo não facilitou a vida de quem tentava chegar ao túnel; duas horas depois de sairmos, ele foi fechado devido às más condições climáticas .

A Estação Central de Genebra era o lugar ideal para obter ajuda e encontrar acomodações adequadas. Em questão de minutos, tínhamos reservado um quarto no Hotel Central com vista para o Centro da Confederação. Assim que desempacotamos as malas, Joshua estava pronto para um cochilo; eu suspeitava que o estresse das rodovias elevadas o tivesse afetado bastante .

Enquanto ele dormia, saí para explorar os arredores e encontrar bares gays onde informações sobre a comunidade estariam facilmente disponíveis. Um recital de órgão gratuito na Igreja Luterana de Genebra foi suficiente para um breve descanso; de volta às ruas, admirei dezenas de fontes, cada uma muito diferente da outra .

Estávamos na nossa terceira semana de viagem; o cansaço acumulado e a sobrecarga de museologia começavam a se fazer sentir. Joshua tirava sonecas com frequência; nós visitávamos menos pontos turísticos, preferindo caminhar. Dessa forma, conseguimos ter uma melhor noção da cidade. Em todos os lugares que íamos, havia muitas pessoas passeando: no parque com vista para a Fonte de Água no meio do Lago de Genebra e no parque 'Eau Vives'. A cidade parecia segura. Ou será que pensávamos assim por causa das coisas boas que tínhamos ouvido sobre a Suíça? Tantos espaços verdes, autoridades governamentais e das Nações Unidas e pessoas amigáveis por toda parte . Genebra nos lembrou Ottawa .

Seguindo em direção a Lausanne, Berna e Zurique, passamos pela pequena cidade de Vevey, sede internacional da Nestlé, onde o chocolate ao leite foi inventado há mais de 100 anos. Aninhada aos pés dos Alpes Suíços, outrora lar de Charlie Chaplin, esta cidade idílica parece saída de um conto de fadas. Lamentamos não ter tido tempo para parar e ver mais do que podíamos observar do carro. As montanhas atrás da cidade mergulham no lago em ângulos de tirar o fôlego. Era praticamente impossível tirar fotos que fizessem justiça a este lugar, mas qualquer foto tirada ali seria perfeita. Nada está fora do lugar, nada está sujo e nada é feio. Utopia! Ao norte de Zurique, cruzamos a fronteira para a Alemanha dirigindo pela margem leste do Lago de Constança. Pomares de maçãs até onde a vista alcança; não é à toa que o strudel de maçã é tão popular por aqui! Estávamos a caminho da Floresta Negra, rumo a Freiburg, no coração de uma importante região vinícola, o principal ponto de entrada turístico para o leste. Cidade universitária, o centro histórico é uma mistura de arquitetura gótica e bávara. Não há época melhor para visitar do que no outono, durante a colheita da uva; nossa viagem foi perfeita para conhecer a região em plena temporada. Mas, como não tínhamos planejado parar nesta bela cidade, seguimos viagem; nossa última parada do dia foi Estrasburgo .

Quanto mais ao norte dirigíamos, mais frio ficava. Estrasburgo, a capital da região da Alsácia, fica bem na fronteira com a Alemanha. No centro da cidade, há uma ilha onde encontramos um quarto para passar a noite. Foi lá que experimentamos, pela primeira vez, luzes de corredor de hotel com sensores de movimento. Depois de passear pela área turística, voltamos para o nosso hotel, que parecia deserto. Foi um pouco assustador andar pelos corredores escuros até que as luzes finalmente se acendessem, acionadas pelo movimento dos nossos corpos. Já esperávamos que as chaves dos quartos tivessem que ser deixadas na fechadura perto da porta para termos eletricidade. Ainda rimos da vez em que Joshua saiu do quarto e levou a chave dele enquanto eu fiquei no chuveiro na escuridão total. Ele se foi antes que eu pudesse fazer qualquer coisa a respeito .

Pequenos barcos turísticos circulavam a Ilha Grande. É um Patrimônio Mundial da UNESCO, onde um guia explica a história e a geografia da ilha. Fascinante que ela tenha alternado entre o domínio alemão e francês. O passeio foi uma boa visão geral da cidade. Esta cidade anglo-alemã, católica-protestante, foi um importante centro comercial já em 932 e ainda o é. Agora sede da União Europeia, a cidade, que antes era muito poluída porque os ventos eram bloqueados pelas montanhas dos Vosges e da Floresta Negra, é uma moderna cidade universitária e serve como um centro de transporte. De acordo com a indústria do turismo, é a segunda área urbana mais visitada da França .

A conversa naquela noite, durante o jantar, girou em torno da nossa ida ou não para a Inglaterra. Joshua não estava muito animado para viajar mais; ele queria descansar. Sugeri que fôssemos a Bruges e, se gostássemos, poderíamos passar nossa última semana lá. Um amigo meu em Ottawa já tinha estado lá e adorado. Ele sugeriu que ficássemos pelo menos 3 ou 4 dias. Satisfeito por ficarmos no mesmo hotel por mais de duas noites, Joshua se animou um pouco .

Nossos planos eram sair cedo de Estrasburgo para chegar a Bruges durante o dia, o que facilitaria a busca por um quarto. Outras pessoas nos disseram que essa pequena cidade é como uma Amsterdã em miniatura, com canais e prédios pitorescos. Ela também é conhecida como a "Venezia do Norte". Essa descrição se mostrou precisa. Chegamos a Bruges ao meio-dia; o trânsito estava intenso e o estacionamento, caro. Um amigo de Joshua havia recomendado um pequeno hotel no centro da cidade, que seria fácil de encontrar em plena luz do dia.

# Abertura de novas portas

Eu me senti pronto para a mudança quando, no início de 1991, me ofereceram um emprego equivalente ao que eu tinha na Energy, Mines and Resources. A Comissão de Serviço Público estava interessada em mim; eles ofereceram melhores oportunidades de crescimento na carreira, com um local de trabalho a dez minutos a pé do meu apartamento na Rua O'Connor. Depois de nove anos na mesma organização, senti a necessidade de mudar para um departamento bem diferente para obter uma perspectiva totalmente nova na minha área de atuação, a gestão de recursos humanos. Meu novo supervisor concordou que eu poderia tirar um tempo para uma viagem que eu vinha planejando com o Clive. Após apenas duas semanas no novo emprego, eu já estava a caminho de São Francisco .

Nosso término significava que eu estaria sozinha nessa viagem pela Califórnia; isso não me incomodou nem um pouco. Eu sonhava com a "cidade da baía" há muito tempo; nem o inferno nem a maré alta me manteriam em casa. Grande parte dos planos originais para as férias foram mantidos; fiquei no Hotel Commodore, pois era central e não muito caro. A única desvantagem foi ter que deixar meu carro alugado em um estacionamento a algumas centenas de metros do hotel .

Cheguei logo após um grande terremoto que causou danos significativos à Ponte Oakland e à Prefeitura. As pessoas achavam que era imprudente ir a São Francisco quando havia possibilidade de mais terremotos; na minha opinião, as chances de um segundo terremoto terrível eram mínimas. Além dos danos à ponte, que não afetaram minha estadia, foi na Prefeitura que vi os efeitos do recente evento sísmico; havia andaimes por toda parte. Grandes colunas de mármore estavam reforçadas com enormes vigas de madeira. Tinha sido realmente um evento devastador; felizmente para mim, aconteceu poucos dias antes da minha chegada .

Da minha base em São Francisco, explorei lugares interessantes ao norte da cidade, como Sausalito, Petaluma, Santa Rosa, Russian River e Bodega Bay. No mesmo dia, minha excursão me levou de vinhedos ao Oceano Pacífico, da cidade grande a pequenas cidades pitorescas e da agitação de Chinatown ao fluxo tranquilo do Rio Russo. Apelidada de "Parque de Diversões Gay" de Sonoma, eu esperava ver muita atividade dentro e ao redor do rio; fiquei surpreso ao ver que toda a área estava deserta. Era baixa temporada, eu não tinha me dado conta. Ao sul da cidade, dirigi em direção a Monterey, Carmel e Big Sur. Eu tinha ouvido falar muito sobre as vistas incríveis da Rodovia Estadual da Califórnia 1 perto de Big Sur (uma estrada sinuosa com penhascos de 400 a 500 metros). Por quilômetros, a rodovia costeira corre paralela ao oceano abaixo. Toda a área oferece vistas deslumbrantes das montanhas de Santa Lucia, que se elevam abruptamente do Oceano Pacífico. Em mais de uma Em certa ocasião, fiquei tão distraído com a paisagem incrível que quase joguei o carro no barranco! O ambiente de trabalho oferecia minha única fuga genuína; era uma desculpa esfarrapada, e eu sabia disso. Pouco depois de chegar à Comissão de Serviço Público, participei de um processo seletivo competitivo e fui declarado o candidato aprovado para um cargo de gerência intermediária — Chefe de Planejamento de Recursos Humanos e Equidade no Emprego. Essa promoção direta significava que eu teria pessoas se reportando a mim: algo que eu sempre evitei. Gerenciar uma equipe exigia habilidades que eu não tinha; muito pouco treinamento foi oferecido para me ajudar a atingir o nível de competência necessário. Lentamente, comecei a ter problemas; a princípio, consegui compensar e me virar. Ao final dos primeiros seis meses, eu sabia que tinha sido um grande erro. Era hora de seguir em frente, de voltar a um cargo independente .

Em um ano repleto de viagens curtas para visitar a família ou participar de conferências, decidi não ir para Provincetown. Não tinha um motivo real para não ir, além de querer quebrar a tradição. Tillie concordou em ficar com a Unidade 4 para mim no ano seguinte, mantendo assim minha antiguidade no meu estúdio favorito. Fazer a viagem sozinha era possível, mas não era o que eu preferia. Era muito mais agradável compartilhar a direção com um companheiro de confiança, mas eles eram raros no momento. No fundo da minha mente, pairava a preocupação com a possibilidade de um surto de uveíte enquanto estivesse fora do país. Apesar de improvável, essa preocupação estava constantemente no meu subconsciente, e meu médico de família insistia que eu carregasse uma receita válida na carteira o tempo todo .

Entre crises de uveíte e viagens a Montreal para visitar Geoffrey no hospital, os meses voaram; eu estava completamente atordoado. Quase não havia um dia em que eu não tomasse de quatro a cinco xícaras de café; a cafeína me dava energia, mas também piorava minha artrite. Parar de repente me causou dores de cabeça como nunca havia sentido antes. Não havia volta. Meus colegas insistiam para que eu fizesse algo para me reerguer. A única solução que eu conseguia enxergar era encontrar um emprego independente no mesmo nível; eu estava no departamento certo, pois havia muitas vagas de nível 4 disponíveis que não envolviam supervisão. No entanto, havia apenas uma dessas vagas que eu realmente queria (um cargo de Consultor de Recrutamento) .

Minha vida social havia se transformado; festas em casa eram coisa do passado. Ir a bares havia perdido o encanto; em termos de idade, eu já tinha passado do auge e não interessava muito à nova geração. Uma alta porcentagem de pessoas da minha faixa etária estava em um relacionamento. Eu conheci novas pessoas .

As pessoas participavam das reuniões do Grupo de Discussão de Homens Gays Francófonos às quartas-feiras à noite. Os eventos da Lambda também eram ótimos para socializar. Na última reunião que participei, representantes da Fundação Lambda nos incentivaram a comparecer ao seu evento anual de arrecadação de fundos, que seria realizado no Teatro dos Arquivos Nacionais, na Rua Wellington . Prometeram-nos uma noite de leituras de livros recentes publicados por autores gays. Marquei no meu calendário para não perder o evento de 30 de outubro .

# Revelação de Bruges

No Hotel Hans Memling, assim chamado em homenagem a um famoso pintor flamengo, havia apenas um quarto disponível para 5 noites. Era a suíte nupcial! Quando informados sobre o preço, dissemos que era um pouco mais caro do que tínhamos planejado, e o proprietário imediatamente ajustou a tarifa; aceitamos .

Nenhum quarto em qualquer outro hotel em que nos hospedamos era tão ornamentado quanto este; mobiliado em estilo provençal francês, o quarto teria sido perfeito para Maria Antonieta. O dossel estava sobre uma plataforma de 10 centímetros encostada na parede dos fundos, na qual pendiam três enormes anjos de plástico; De um lado, um armário, e aos pés da cama, em frente às janelas, havia uma área de estar com duas cadeiras, uma de dois lugares, e uma pequena mesa de apoio com um lustre de cristal sobre ela. Alguém havia escolhido cuidadosamente o tecido com uma pequena estampa floral amarela e branca, que foi usado para o dossel, a colcha, a divisória do quarto e as cadeiras. O tapete era azul claro, e o papel de parede com um motivo floral azul e branco completava a cena. No grande vestíbulo que se abria para o corredor e levava ao quarto, havia outro sofá de dois lugares estilo provençal francês em um tecido vermelho vivo. Sentamos nas cadeiras, olhamos um para o outro e rimos alto. Este quarto era extravagante além da conta .

Um enorme lustre de cristal pendia sobre o piano de cauda no saguão, que admiramos ao descer a escada em espiral do segundo andar. Libe Race teria se sentido em casa. Parecia que o saguão do hotel era usado como sala de estar pelos nossos anfitriões. Apesar de informal, sentíamos que estávamos invadindo a privacidade deles cada vez que passávamos por ali. Desde o momento em que conhecemos os proprietários, sabíamos que eram gays .

A notável diferença de idade entre o senhor mais velho e os dois jovens nos fez questionar se aquilo era um "ménage à trois". Eles bebiam coquetéis e martinis em taças muito elegantes; esses caras não eram gays típicos. Além do piano, a sala incluía sofás, cadeiras, uma lareira, uma televisão e um papagaio vivo numa gaiola sobre um suporte. A sala parecia um antigo cenário de filme .

Ao lado do saguão ficava a sala de café da manhã com uma decoração extravagante; havia três conjuntos de sala de estar, todos em tons de rosa, três enormes lustres e cerca de seis ou sete mesas com vista para o jardim. Um gazebo gigante havia sido modificado para se tornar uma grande gaiola para pássaros. Poderiam ter filmado 'La Cage aux folles' ali sem gastar dinheiro com adereços .

Bruges era um lugar encantador para passear; tudo era A uma curta distância do nosso hotel. Como de costume, começamos pelos locais históricos: a Basílica do Sangue Sagrado, a Prefeitura, o Mercado de Peixe, o Colégio da Europa, o Museu Gruuthuse e a Igreja de Nossa Senhora. Nesta enorme igreja gótica que data do século XIII , vimos seu tesouro artístico mais célebre (uma Madona com o Menino criada por Michelangelo por volta de 1504). Esta igreja é mais conhecida por sua magnífica torre; é a segunda torre de tijolos mais alta do mundo .

Outra torre de destaque é o Campanário de Bruges, uma torre sineira medieval adicionada à Praça do Mercado em 1240. Por uma pequena taxa, o acesso ao mirante é feito por uma escada estreita e íngreme de 366 degraus , sendo o último trecho em espiral, o que exige que os visitantes se segurem em uma corda. Essa última informação não nos foi dada quando compramos os ingressos. Sem nos intimidarmos, Joshua e eu seguimos as centenas de visitantes escada acima até o primeiro e o segundo patamar; quanto mais subíamos, mais estreito o corredor se tornava. O terceiro e último trecho não era para os fracos de coração ou para quem tem medo de altura. Joshua examinou a escada em espiral e optou por permanecer no patamar enquanto eu subia até o topo. Embora eu não tenha medo de altura, sou um pouco claustrofóbica; em certo ponto, a passagem não era muito mais larga do que um corpo humano médio. Com tanta gente subindo, voltar não era uma opção. Persisti e cheguei ao topo; a vista da cidade era deslumbrante. Uma pena que Joshua não pudesse vê-la. Assim que eu estava caminhando para o outro lado do patamar, Joshua apareceu, branco como um fantasma .

"Nossa, você teve coragem de tentar a escalada", eu disse .

"A curiosidade me venceu", ele disse. "Além disso, eu queria estar com você." "A vista daqui de cima é maravilhosa", eu disse. "Fico feliz que você tenha tido coragem de subir. Estou impressionada", acrescentei .

"Estou um pouco trêmulo, mas estou orgulhoso de mim mesmo por ter conseguido", disse Joshua .

"Pode ser complicado descer", eu disse. "Eu vou primeiro; siga atrás de mim. Se você ficar com medo, pare e respire fundo. Talvez você queira se segurar em mim." "Acho que consigo descer bem, mas esses degraus são um pouco estreitos para os meus pés grandes", disse ele. "Provavelmente seria mais fácil se eu descesse de costas." "Se é isso que precisa para você se sentir no controle, por mim tudo bem", eu disse .

Enquanto descíamos de volta para a entrada do Campanário, eu não parava de pensar em Joshua e em seu desejo de estar comigo, mesmo que isso significasse enfrentar uma situação difícil. Seu medo de altura não o impediu de fazer um grande esforço para vir e ficar ao meu lado no topo da torre. Foi um gesto simbólico, que me provaria que ele ficaria ao meu lado mesmo em momentos difíceis, mesmo com medo .

Através desse incidente, Joshua demonstrou fé em si mesmo e confiança em mim. Quer ele percebesse ou não, ele sabia que superaríamos isso juntos. Ele talvez não tivesse tentado a subida final sem saber que havia alguém lá em cima esperando por ele. Essa experiência foi mais uma demonstração de sua vontade de estar comigo e mais uma prova de que queríamos morar juntos quando voltássemos para o Canadá. Um dos principais motivos para fazermos essa viagem juntos era testar um ao outro; isso acontecia todos os dias de diversas maneiras. Subir a torre foi, para mim, o momento que me convenceu de que ele era a pessoa certa com quem eu queria compartilhar minha vida .

Um passeio de barco pelos canais de Bruges oferece um vislumbre da vida nessa cidade antiga sob ângulos diferentes, não visíveis de outra forma. Também leva as pessoas a partes da cidade que não são vistas pela maioria dos turistas. Um desses lugares é um lar para rendeiras aposentadas. Foi o Imperador Carlos V quem decretou que a confecção de renda deveria ser uma habilidade obrigatória para as meninas em conventos e *beguinários* por toda a Flandres. Naquela época, a renda era moda em golas e punhos para ambos os sexos. Bruges, e toda a Bélgica, aliás, é conhecida por suas rendas finas, bem como por seus chocolates requintados .

Outra tradição belga é a fabricação de cerveja. Joshua estava no sétimo céu; em um bar muito peculiar, cujas dimensões eram de 3,6 metros de largura por 9 metros de profundidade, mais de 300 cervejas estavam disponíveis. Degustamos cervejas em vários locais; Jantamos em restaurantes excelentes e acessíveis, como o La Belle Époque, uma brasserie franco-flamenga que reflete uma época belíssima da história com sua decoração Art Nouve .

Nossa jornada pela Europa estava chegando ao fim; durante os últimos dias em Bruges, o tempo piorou. Não esperávamos granizo em outubro. Era um sinal de que era hora de voltar para casa. Dirigimos na chuva até o aeroporto de Schiphol; as lágrimas corriam pelo nosso rosto. Também sentimos vontade de chorar, mas precisávamos estar alertas para o longo voo de volta. Contendo nossas emoções, embarcamos em nosso voo da Martinair para Toronto (e depois da Air Canada para Ottawa) em 26 de outubro . Para nossa surpresa, a maioria das pessoas naquele voo eram Iugoslavos fugindo da guerra em sua terra natal. Isso nos fez apreciar a sorte que tínhamos de viver em um país lindo e seguro, para o qual muitos gostariam de emigrar .

Sérgio, marido de Louisa, veio nos buscar no aeroporto. Eles me deixaram em Connor Court, e ele e Joshua dirigiram até Gatineau para que eu me reunisse com os pais dele. Nossa viagem de 4.750 quilômetros tinha sido um grande sucesso; estávamos ansiosos pelas próximas semanas, quando finalmente poderíamos chamar Connor Court *de* lar.

# A vida continua

Os problemas de saúde do meu irmão Geoffrey continuavam sendo minha maior preocupação. Havia rumores sobre tratamentos de radioterapia, mas o médico responsável estava de férias; ele teria que esperar o retorno do médico para saber se pretendiam prosseguir com o plano. Qualquer tratamento era melhor do que nenhum; Geoffrey estava ansioso para começar a terapia. No início de outubro de 1991, suas orações foram atendidas; disseram-lhe que ele receberia sete semanas de radioterapia, administradas quatro vezes por semana em doses de dez minutos. Meu pai estava visitando Phil na época e juntos foram ver Geoffrey no hospital em Montreal. Temendo que Phil minimizasse os problemas de saúde de Geoffrey, liguei para meu pai e lhe dei um relato completo da situação. Eu sabia que isso seria muito difícil para ele; no entanto, queria ter certeza de que ele estivesse totalmente preparado para ver Geoffrey no estado em que se encontrava: grande perda de peso, olhos vermelhos e coberto de feridas que não cicatrizavam rapidamente .

Das quatro terapias disponíveis (quimioterapia, UVA, interferon e radioterapia), a radioterapia havia sido escolhida como a mais eficaz; disseram a ele que teria de 15 a 20% de chance de prolongar sua vida em três a quatro anos. Antes de iniciar a radioterapia, ele tomava morfina a cada quatro horas. Logo após o tratamento, ele pareceu se animar; a dor, no entanto, era óbvia, apesar de seus melhores esforços para escondê-la .

Como por mágica, alguém interessante surgiu em minha vida. Ken, descendente de escoceses e um verdadeiro monarquista, havia vivido em Ottawa durante a maior parte de sua vida. Funcionário público como tantos outros nesta cidade, ele era conhecido por seu interesse em tudo o que era "real". Trabalhava na Unidade de Protocolo do Secretário de Estado; havia se envolvido em muitos eventos relacionados à família real britânica. Conheci Ken em um jantar no final de setembro; fiquei surpreso por ele ter me notado. Por mais charmoso que fosse, meu interesse por ele era morno; Eu realmente não achava que o momento era o certo, pois estava preocupada com questões administrativas no trabalho. Além disso, eu estava pensando em Geoffrey o tempo todo. Ken certamente perceberia que eu não estava pronta para me envolver seriamente .

No mínimo, a distração criada por Ken foi um alívio que eu não pude recusar. Ele era um cavalheiro bem-educado que sabia o que queria da vida. Namoramos por algumas semanas antes de ele viajar a negócios; eu me perguntava como ele se sentiria ao voltar. Ele ainda estaria interessado em mim quando retornasse a Ottawa? O caos se instaurou no trabalho quando um dos meus subordinados teve um ataque de fúria no escritório do meu supervisor. Recebi uma palestra da Joanna, que achou que eu Eu não tinha conseguido lidar com os problemas de desempenho da Sylvia na medida em que ela esperava. Meus funcionários não sabiam o que estava acontecendo na minha vida privada; eles não tinham ideia do estresse que eu estava passando. Um dos meus colegas me incentivou a ser mais aberto com meus funcionários e a explicar a eles os motivos do meu mau humor. Isso não resolveu o problema, mas pelo menos os funcionários me deram um pouco de folga; senti a pressão diminuir. Esse incidente foi um ponto de virada para mim; nas semanas seguintes, procurei outra posição no meu nível.

*"Nunca compare seu interior com o exterior de alguém" foi um mantra que se mostrou útil nas semanas e meses seguintes. Eu me sentia como um ioiô; um minuto em cima, no seguinte, embaixo. Claire ligava a cada dois dias com notícias sobre Geoffrey. Os tratamentos estavam indo bem; ele*

Esperava receber alta do hospital até o final de outubro. Seus médicos estavam falando sobre uma possível remissão. Será que isso realmente poderia acontecer?

Uma peça no Théâtre de l'Île chamou minha atenção: "O Diário de Anne Frank". Mary havia sugerido que fôssemos assistir. Com todas as situações difíceis que eu estava enfrentando na época, temia achar a história deprimente. Com um pouco de persuasão de Mary, cedi; fomos e ficamos bastante surpresos com a qualidade da apresentação. Eu conhecia Anne Frank pelos trechos que lemos na escola; meu conhecimento limitado se expandiu significativamente naquela noite. Eu prometi a mim mesmo que, se um dia chegasse a Amsterdã, faria questão de visitar a casa onde ela morava .

O estresse fazia parte da minha vida há 20 anos; ele fazia minha artrite piorar de vez em quando. Embora eu odiasse tomar os remédios prescritos pelo meu médico de família, a dor estava me consumindo. Tomei Feldene e Novonaprox na esperança de conseguir andar sem mancar; não funcionou e, além disso, meu intestino estava um caos. Aos 39 anos, ninguém espera parecer um velho, embora, em termos de idade, eu já estivesse pronto para o asilo . Eu havia desistido dos bares gays, sabendo que não encontraria minha alma gêmea em nenhum desses lugares .

O evento "Wilde sobre Safo", patrocinado pela Fundação Lambda em novembro, atraiu um amplo espectro da comunidade gay regional. A maioria das pessoas no auditório não era o tipo de pessoa que eu costumava ver nos bares. Isso era o que tornava essas noites sociais tão interessantes; havia rostos interessantes na multidão naquela noite. Notei meu amigo Mark Lafontaine parado com outros dois rapazes, um dos quais eu não conhecia. Sem querer me intrometer, fiquei para trás e acenei à distância. Mark se aproximou para apresentar o jovem ao seu lado; presumi que fosse o parceiro de Mark. Cumprimentei Joshua, mas não lhe dei atenção especial para não desagradar Mark. Os três estavam sentados algumas fileiras à minha frente. Eu não conseguia parar de pensar em como Mark tinha sorte de ter encontrado um cara tão legal; eles pareciam muito felizes juntos .

Desde que me lembro, eu odiava novembro, pois era para mim o mês mais sombrio do ano. Lembramos os falecidos no dia 11 , às 11 horas . Parecia-me que, em média, mais pessoas morriam em novembro. Lester McAfee foi a última adição a uma longa lista de gays falecidos na capital. Eu queria que o ciclo da morte terminasse; eu Desejava-se alegria e esperança. A pureza da neve branca nos últimos dias do mês marcava o início de uma nova estação de inverno, um novo ciclo de otimismo e uma chance de se libertar de um passado que trouxera sua parcela de desgraça e desespero. O Natal estava logo ali.

# Mudando-se para cá

Ouvir falar sobre jet lag e ter que lidar com ele são duas coisas muito diferentes. Muitas vezes, Jean me contou o quão cansado e indisposto se sentia após um longo voo de volta para o Canadá. Eu realmente não entendia como a diferença de fuso horário afeta os ciclos circadianos de uma pessoa. Levei vários dias para que meu corpo se ajustasse ao fuso horário do leste. Voltei ao trabalho no dia seguinte à nossa chegada, sem saber que me sentiria com jet lag e incapaz de me concentrar no trabalho. Alguns dias depois, saí do escritório ao meio-dia por causa de uma dor de estômago; uma gripe intestinal estava começando .

Durante nossa primeira semana de volta, Joshua e eu começamos a preparar a casa para a chegada dele. Compramos estantes na IKEA para acomodar sua coleção de CDs, LPs e livros sobre diversos artistas. Não houve necessidade de uma conversa definitiva sobre ele morar comigo. Isso já havia sido decidido antes de partirmos para a Europa. Se tivéssemos tido desentendimentos durante nossa aventura de um mês, certamente teríamos discutido os impactos disso. Nos sentíamos prontos para o compromisso e, consequentemente, reorganizamos o apartamento para que ele tivesse espaço suficiente para trazer a maioria de seus pertences para Ottawa .

Pacotes endereçados a Joshua, enviados de Amsterdã e Viena, chegaram em segurança ao endereço 250 O'Connor. As informações foram registradas em um livro e cada CD recebeu um identificador numérico único. Fiquei maravilhado com a organização de Joshua; sua abordagem metódica era uma clara indicação de alguém que cuidava de seus pertences; se ele fazia isso com as coisas dele, provavelmente lidaria com as minhas com o mesmo cuidado .

No início de novembro de 1992, pouco menos de um ano depois de nos conhecermos, Joshua havia definitivamente saído da casa dos pais e estava morando comigo em Connor Court. Meu medo era que ele não estivesse morando em um lugar que havíamos escolhido juntos. Ele estava essencialmente vivendo no meu ambiente, agraciado com a arte que eu havia colecionado ao longo dos anos. Eu prometi que cada pequena mudança que fizéssemos no apartamento seria feita juntos, para que ele se sentisse mais em casa. Ele certamente gostou do apartamento e se sentiu confortável nele. Não era luxuoso de forma alguma, nem era uma favela. Tudo havia sido pintado de bege antes de eu me mudar; não vi motivo para mudar isso na época. Depois da chegada de Joshua, conversamos sobre pintar as paredes; essa seria outra maneira de fazê-lo sentir que o apartamento também era sua casa .

'Você acredita em destino?', perguntou Joshua .

'Eu não acreditava antes, mas acredito agora', respondi. 'Por que você pergunta?' "Estava pensando em nós há alguns dias e cheguei à conclusão de que, se tivéssemos nos conhecido há uns dez anos, não teríamos começado nosso relacionamento", disse Joshua. "Eu não estava pronto para um compromisso naquela época e não tinha tido a chance de aproveitar a vida . Aos 19 anos, eu não estava procurando um relacionamento sério .

Não tinha vontade de me estabelecer com outro cara." "O que me surpreende é que você está vindo morar comigo direto da casa dos seus pais, sem nunca ter experimentado morar sozinho", eu disse. "Você acha que vai se arrepender de não ter feito isso?" "Morar sozinho nunca foi algo que eu considerei", disse Joshua. "Eu preferiria muito mais compartilhar minha vida com alguém, mas não com qualquer pessoa." Desde a primeira vez que te vi, fiquei interessado em você .

Não foi difícil conseguir referências sobre você. Tudo começou quando te vi num concerto do Coro Gay Masculino de Ottawa, no Centre Pointe. Algumas semanas depois, Mark nos apresentou no Arquivo Nacional durante o intervalo do evento "Wilde sobre Safo", mas acho que não te registrei . " Nossa, você foi persistente", eu disse. "Eu tinha me esquecido de tudo isso. Na primeira noite em que estávamos juntos, você explicou tudo o que tinha feito para chamar minha atenção." 'O destino não só desempenhou um papel importante na nossa história, como é curioso notar as muitas semelhanças que já existiam antes mesmo de nos conhecermos', disse Joshua .

'Ok, aqui me perdi. Do que você está falando?', perguntei .

'No topo da lista está Gatineau', respondeu Joshua. 'Você era professor na Escola Primária de Gatineau, bem perto de onde eu morava com meus pais. Nós dois crescemos em pequenas cidades onde a Canadian International Paper (CIP) era a principal empregadora. As casas construídas pela CIP nas ruas Poplar, Maple e Birch são idênticas às de Dalhousie, onde você nasceu.' 'Você tem razão', eu disse. 'Temos isso em comum.' 'Mais alguma coisa?' 'Nós dois conhecemos o Frankie Bouchez de Templeton', acrescentou Joshua .

'Poderíamos chamar isso de coincidência ou seriam os *seis graus de separação* ? Também temos dois amigos em comum: Mark e Henry.' 'Aposto um dólar que, com o tempo, encontraremos mais conexões e mais pontos em comum', eu disse .

Eu definitivamente havia ajustado minhas velas aos ventos predominantes. Encontrar uma alma gêmea é como procurar uma agulha num palheiro. Quando você encontra, não há como errar. Uma nova fase desta aventura estava prestes a começar. Baseado no respeito mútuo e no compromisso um com o outro, eu tinha todos os motivos para acreditar que a sorte estava do nosso lado .

Bem que poderia não ter acontecido, pois aprendi com Joshua que, na noite da festa de Natal, se eu não tivesse demonstrado interesse nele, ele teria decidido que Don Goldberg era sua segunda opção .

Por mais difícil ou longa que tenha sido minha busca, era hora de virar a página. Uma vida completamente nova se abria para mim com a promessa, ou pelo menos a expectativa, de que as coisas mudariam para melhor, que experiências maravilhosas se desenrolariam, que viagens para lugares distantes se concretizariam e que nosso amor um pelo outro cresceria a cada dia. Uma alma gêmea, finalmente! Uma alma gêmea gay!